# 金を掛けずに知恵を出す
# からくり改善 事例集 Part3

公益社団法人
日本プラントメンテナンス協会 編

日刊工業新聞社

# はじめに
# 第4次産業革命の主役は「現場力」と「からくり改善」

　当会は、1994年3月に「第1回からくり改善くふう展」をスタートし、2017年9月28～29日に第22回目を開催いたします。また、「からくり改善」を普及・推進するため、日刊工業新聞社と一緒に、2009年に「からくり改善事例集」、2014年には第2弾として「からくり改善事例集Part2」を発行し、改善のバイブルとして高い評価をいただいております。ここ数年、第3弾のご希望を多数いただくようになり、このたび「からくり改善事例集Part3」を発行させていただくことになりました。

　今回も「くふう展」にご出品いただきました企業様にお願いをし、過去最多となる30事業場より86作品のご承諾をいただきました。事例提供をいただいた企業様に深く感謝を申し上げます。

## ▼△▼ 「第4次産業革命」と「現場力」

　近年、世界各国では、「モノのインターネット（IoT）」「ビッグデータ」「人工知能（AI）」「ロボット」などの技術革新による『第4次産業革命』の動きが活発に行われています。設備に取り付けたセンサーや機器から得られる膨大なデータをベースに、解析した結果を活用し、設備の故障予測・部品交換時期の把握や生産性の向上などに役立てている企業も出てきました。

　この技術革新にも『現場力』が非常に重要です。たとえば、センサーの取付箇所や正しい使用方法・環境についても、実際の現場を知らないメーカーやスタッフがオペレーターや保全マンの意見を聞かずに検討・実施すると、実際の現場に合わないシステムになる可能性もあります。

　つまり、第4次産業革命の時代においても【現場が主役】なのです。働く1人ひとりが、活力と主体性を発揮することがますます必要となってくるのです。現場第一線のオペレーターが、『からくり改善』も含めた現場サイドの知恵を結集した改善を実施した上で、「IoT」「ロボット」などを導入することが重要なのです。

## ▼△▼ 「TPM」と「からくり改善」

　当会が1971年より提唱・普及をしています「TPM（Total Productive Maintenance：全員参加の生産保全）」活動には、現場第一線のオペレーターを中心に推進される「自主保全活動」があります。「自分の設備は自分で守る」を合言葉に、担当している設備への関心と改善の心を磨き、日々の生産活動における課題を解決するため、さまざまな改善が行われます。

　これらの「改善」の多くは、「からくり」に通じる「てこ」「カム」「クランク」「ギヤ」などを利用した、手づくりでお金をかけない改善であり、現場の生産性向上やコスト削減につながるロスの撲滅や設備の低コスト化に大きな成果を上げています。当会では、この製造現場から誕生した「改善」を『からくり改善』と名づけ、「からくり改善くふう展」などを通じて、提唱・普及をしています。

　2017年9月28～29日に、名古屋市で開催される「第22回からくり改善くふう展」には、99社より482の作品が出品され、過去最大規模の「くふう展」になる予定です。ここ数年は作品数・参加者数ともに大幅に拡大しています。

## ▼△▼ 今、なぜ「からくり改善」が注目されているのか？

2017 年 7 月に内閣府が発表した「月例経済報告」では、「景気は穏やかに回復基調が続いている」「設備投資は持ち直している」と発表がありましたが、製造業を見れば前期比 1.8% 減と厳しい状況にあります。これは、製造業の急激なグローバル化や生産人口の減少、個人消費の低迷などにより国内空洞化が進み、日本国内での新規の設備投資を積極的に行いにくい状況にあることも 1 つの要因のように思います。こういった時代だからこそ、日本のモノづくりの強化と国内生産存続のためにも、全員参加による『からくり改善』が注目を集めているのだと思われます。

また一方で、『からくり改善』は人材育成に有効とのお言葉もいただいております。『からくり改善』を実践することにより、設備と改善に詳しい人材が育成され、設備投資費用の削減や信頼性・操作性・保全性にすぐれた、生まれの良い設備づくりができるのです。さらに近年では、$CO_2$ の削減、省エネ対策、ダイバーシティ化の促進にも『からくり改善』は貢献していると評価をいただいています。

## ▼△▼ 「からくり改善」は楽しく

『からくり改善』の原点は、「効率化」ではなく、「楽」に作業をすることです。現場でのやりにくい作業や日常作業の中で困っている問題を、自らのアイデアで解決することから始まります。いろいろな場所や機会に「重たい」「危ない」「やりにくい」「汚れる」「うるさい」など、改善のネタは限りなくあります。

これらを『からくり改善』を使って解決していくことで、仕事が安全で楽になり、結果として仕事が楽しくなるのです。

私は、仕事は「楽（らく）になれば楽（たの）しくなる」「楽しくなければ長続きしない」と思っています。本書を改善のヒントとしてご活用いただき、「楽（らく）に楽（たの）しく」仕事をしていただければ幸いです。

2017 年 8 月

公益社団法人 日本プラントメンテナンス協会

専務理事　鈴置 智

※「TPM」「からくり改善」は、JIPM の登録商標です

# 金を掛けずに知恵を出す からくり改善事例集 Part3　　目　次

# 01 設定時間になるとドアが閉まる

作品名：「いつ閉まるの？後でしょう！」扉

### からくり
自重で縮むシリンダーのスピード制御により、ロックの解除時間を調整できる。

### 使った材料
シリンダー、滑車、ワイヤー、鋼材

### 制作者
マツダ㈱　防府工場西浦地区
第4車両製造部第2塗装課　芳坂謙治

### 制作費用
5000円

### 改善の概要&問題点
塗料のドラム缶を搬入時に、防火扉に治具を使用して保持し、扉が閉まらないようにしていた。しかし、次のようなロスやミスが発生していた。
○動作ロス（移動時間、治具のセット時間、治具の解除時間）
○ドラム缶搬入後に治具の解除を忘れて、扉が開いたままとなる

### 改善前
搬入扉が防火扉のため、扉を開けて手を放すと自然に閉まることで、以下に示すムダが発生していた。
○治具置きから治具を取り、防火扉を開ける（治具を取りに行くロス）
○防火扉に治具を使って、扉が閉まらないように保持（治具をセットするロス）
○ドラム缶を台車で搬入
○防火扉に取り付けた治具を回収し、治具を返却する（治具を取り外すロス、治具を戻しに行くロス、扉の閉め忘れ！）

防火扉

扉止め治具

治具で保持

## 改善後

扉の開閉に当たって以下の仕掛けを施した。

○防火扉を開け、ロックさせるとシリンダーが縮み、扉ロックを開錠する時間は扉が開いたままとなる

○扉ロックが解除されるまでの時間、約15秒間でドラム缶を搬入できる

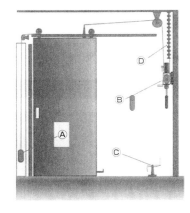

Ⓐ扉閉まりウエイト：ドアが閉まる動きをサポートしている。ウエイトの重みでドアが閉まる

Ⓑウエイトロックリリース：扉が開いて保持した状態を解除する仕掛けで、重みでシリンダー内のエアーが抜けてシャフトが縮む動作をタイマーとして使用

Ⓒ扉ロックフック：ドアを開いた状態で保持させる仕掛け

Ⓓスプリング：スプリングでワイヤーのゆるみ防止（ウエイトロックリリースが下降し、ロックが解除する間）

生産性向上・作業改善（作業改善）

## 改善のメカニズム

扉が開く

①扉が開くと、扉とワイヤーでつながったウエイトロックリリースが下がる
②ウエイトロックリリースの先端が床面に接地する（下降端）
③扉ロックフックで、扉が開状態で保持される

扉保持の機構

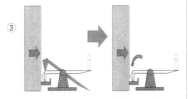

扉を開けると、扉ロックフックと扉側のフックが当たり、扉ロックフックが図のような動きになることで扉を開状態で保持する

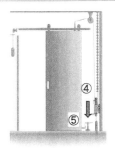

④ウエイトロックリリースが下降端になると、シリンダーロットがゆっくりと縮む（縮むスピードは、スピードコントローラーで制御）
⑤シリンダーロットが縮むことにより、扉ロックフックが解除される

扉ロック解除の機構

ウエイト
スピードコントローラー
滑車
ロック解除レバー
ウエイト

シリンダーに取り付けてあるスピードコントローラーで、排出エアー量を絞り、ゆっく縮ませることで扉の解除時間が調整できる

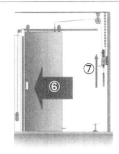

⑥ロックが解除されると防火扉が自動で閉まる
⑦扉が閉まることで、ウエイトロックリリースが持ち上げられる
⑧上昇したウエイトロックリリースは、シリンダーロットの先端のウエイトでロットが伸びる

シリンダーロッドが伸びる原理

先端のウエイトの重量でシリンダーロットが伸ばされる

## 苦労したこと

ウエイトロックリリースのウエイトが重過ぎると調整時間の幅が少なくなることと、ウエイトロックリリースの重さが軽いと扉のロック解除ができなくなることへの対策に苦労した。

## 改善の効果

①作業時間：5.6分/直×20日＝130分/月の短縮

②扉の閉め忘れ：ゼロ

# 02 取り出す部材のカバーを開けると
# 連動して開くシャッター

作品名：あやつりシャッター

## からくり

品番によりシャッターを糸で操り、箱の入れ替えをなくした。

## 使った材料

イレクターパイプ、ジョイント、タコ糸、キーリール、廃材（鉄板など）

## 制作者

三光化成㈱　花泉工場
渡辺義政

## 制作費用

1万686円

## 改善の概要＆問題点

　3機種の部材投入を1カ所で行っているが、3機種の部材の違いが一目で見分けがつかない。また、投入レーンの投入禁止バサミの移動忘れにより、違う機種を投入してしまうことがある。投入箱の反転移動も時間のムダとなっている。

## 改善前

部材投入作業で課題があった。

品番：AAA　　品番：BBB　　品番：CCC

洗濯バサミで
ゲートを封鎖

← このような部品で、
　　似たものが多い

## 改善後

カバーを開けると、糸が引っ張られてシャッターが開くため誤投入が防止できる。

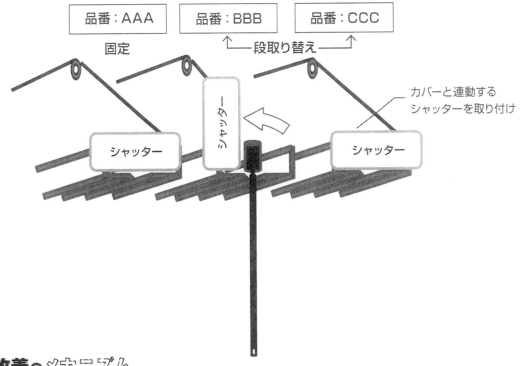

## 改善のメカニズム

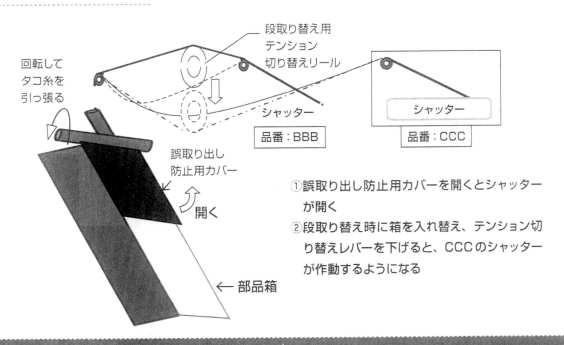

①誤取り出し防止用カバーを開くとシャッターが開く
②段取り替え時に箱を入れ替え、テンション切り替えレバーを下げると、CCCのシャッターが作動するようになる

## 苦労したこと

狭い場所での連動化と、投入時に違う機種を投入できなくさせるロック機構、機種切替方法の仕組み（2カ所で3位置）に苦労した。

## 改善の効果

カバーとシャッターを連動させることで、洗濯バサミの切り換えがなくなった。また、糸のテンションの切り替えで3品番の対応ができた。

# 03 指示ビラとケースを分離する作業を廃止

作品名：必殺仕分け人

## からくり

ケースが落下する力を利用する。

## 使った材料

アルミパイプ、ばね、紐

## 制作者

トヨタ紡織㈱
高岡製造部高岡設備保全室

## 制作費用

8万円

## 改善の概要 & 問題点

ケースを回収する際、使用済みの指示ビラとケースを分離する作業を作業者が行っていた。1枚当たりの分離作業は1秒で、直当たり2000枚、1日当たり約70分も分離作業に費やしていた。

## 改善前

ケースと紙の分離という付加価値のない作業に時間を費やしていた。

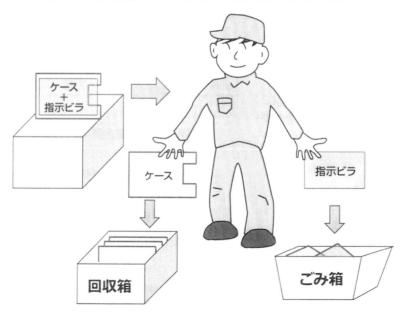

指示ビラとケースの分離を手作業で行っている

## 改善後

ケースと紙を自動で分離する装置を製作した。

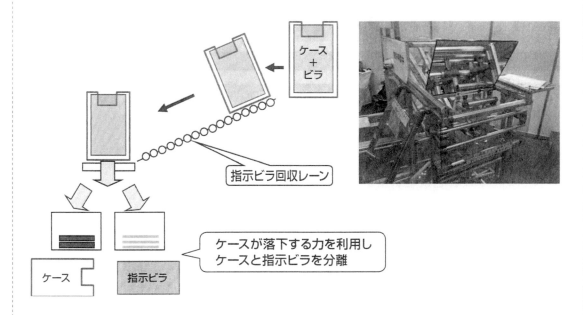

指示ビラ回収レーン

ケース

指示ビラ

ケースが落下する力を利用し
ケースと指示ビラを分離

## 改善のメカニズム

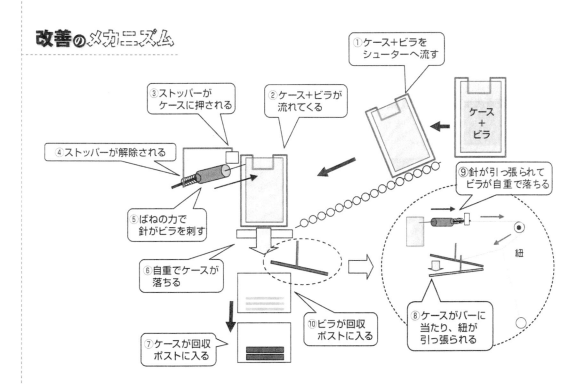

①ケース+ビラを
シューターへ流す

②ケース+ビラが
流れてくる

③ストッパーが
ケースに押される

④ストッパーが解除される

⑤ばねの力で
針がビラを刺す

⑥自重でケースが
落ちる

⑦ケースが回収
ポストに入る

⑩ビラが回収
ポストに入る

⑧ケースがバーに
当たり、紐が
引っ張られる

⑨針が引っ張られて
ビラが自重で落ちる

紐

## 苦労したこと

ケースと指示ビラを仕分けて、別々の回収箱
に分別させる点に苦労した。

## 改善の効果

ケースと指示ビラの分離作業が廃止でき、
作業性が向上した。

# 04 部品をシューターに パラパラと落とすと整列する

## からくり

動力を利用した簡単な部品の整列機。

## 使った材料

塩化ビニール板

## 制作者

豊田合成㈱　ＦＣ第1製造部
ＦＣ製造技術室工程改善課　水口 竜

## 制作費用

0円（端材を使用）

## 改善の概要&問題点

　部品供給者は部品を1個ずつ整列し、シューターへ入れて供給しているためで時間がかかる。非常にやりにくい作業で、部品を落とさないための気遣いが欠かせなかった。

## 改善前

従来は異型キャップ部品を1個ずつ整列し、シューターへ入れて供給していた。

部品を1個ずつレールに並べて供給

## 改善後

ランダムにカラー部品を入れても整列できる整列機を設置した。

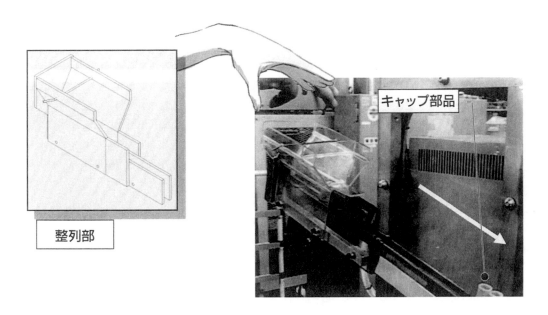

整列部

キャップ部品

キャップ部品を整列部にパラパラと落とすとシューターに整列する仕組み

## 改善のメカニズム

部品の段付き部分を上にレールで吊ったとき、逆さまになっても、
横にガイドがあれば重心によって元に戻ることを発見した！

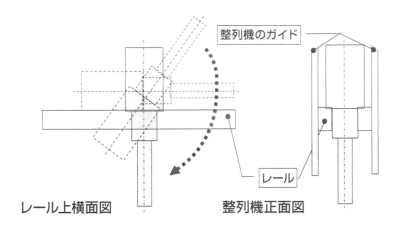

整列機のガイド

レール

レール上横面図　　　　　　整列機正面図

まとめて投入すると、絡まって整列できないためパラパラと整列部に落とす

## 苦労したこと

異型な形状をいかに整列させるかのアイデア
発掘に頭を悩ませた。

## 改善の効果

ザックリとってザックリ入れることで、部品を
落とさない気遣いがいらなくなった。
・部品供給時間の削減：30秒→8秒(1回30個)

# 05 操作パネル防水シートの 1枚取り出し

作品名：クルリンパ！

### からくり
円弧形状に沿わせ密着性を排除する機構と、ばねによる一定圧で押さえつける機構で構成。

### 使った材料
塩化ビニールパイプ、ばね、樹脂棒、シャフト

### 制作者
パナソニック㈱　アプライアンス社
キッチンアプライアンス事業部神戸工場　田中貴大

### 制作費用
1万4000円

### 改善の概要&問題点
　3種類の防水シートを取り出し、IHクッキングヒーターの操作パネルに組み付けているが、防水シートの密着性が高いため気遣いによる取り出しが必要な作業であった。さらに防水シートが透明なため、2枚重ねになっていてもわかりづらく、検査治具を使用して2枚重ねチェックを行っている。

### 改善前

作業工程は3種類の防水シートを取り出し、操作パネルに組み付ける。

①平重ねした防水シートを1枚取り出す（密着していて取りづらい）
②検査治具のすきまに防水シートを入れて厚みを測定し、2枚重ねをチェックする
③操作パネルに組み付ける

防水シートの束

密着した防水シートは1枚ずつ取り出しにくい

## 改善後

「クルリンパ！」から防水シートを1枚取り出して（ばらけ、取り出し用意）、操作パネルに組み付けるだけで検査作業がなくなった。

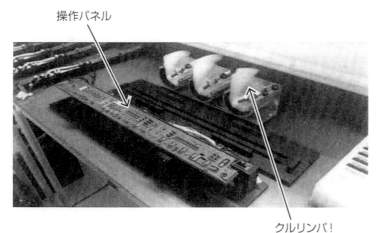

操作パネル

クルリンパ！

○ばねを使用することで防水シートが治具から外れず、1枚取り出しができる
○ばねの収縮性により防水シート100枚セット可能
（納品形態：100枚／1袋）

## 改善のメカニズム

〈シートの密着性を排除する機構〉

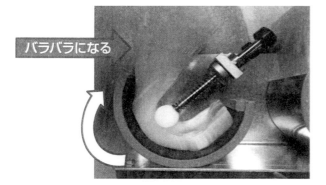

バラバラになる

防水シートの材質と形状により、密着性が高いため塩化ビニールパイプを用い、円弧に沿わせて押さえつけることで密着性の排除を実現

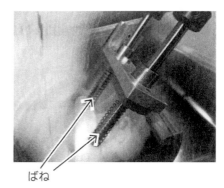

ばね

1枚取り出しが容易でシートに傷がつかないようにするため、ばねの選定にこだわった

## 苦労したこと

シートに傷が入らず、適度な押さえ力を保てるばねの選定に苦慮した。

## 改善の効果

・シート2枚重ねチェックの検査工程廃止
・気遣いによる取り出し排除による工数削減

# 06 チェックバルブの特性を利用し、真空パッドでプレートを吸着取り

作品名：吸チャックマン

### からくり
真空パッドとチェックバルブの組合せと重力を利用。

### 使った材料
鋼材、チェックバルブ、真空パッド

### 制作者
ジヤトコ㈱ CVT工場
第一CVT製造課 吉村直人

### 制作費用
1万8000円

### 改善の概要&問題点
薄物のプレートギヤを容器に重ね置きしていると、2枚取り上げるなどして、取り出し時間にバラツキが発生していた。

### 改善前
コンベアが高く、ワークが少なくなると容器から取り出しにくく、2枚取りも発生していた。

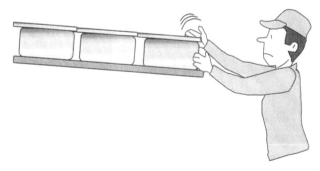

プレートギヤ供給コンベア

ワークが少なくなった状態

## 改善後

真空パッドでプレートギヤを吸着する装置を考案した。

位置決めバー

位置決めバーによりプレートギヤのセンタリングを行う

手前に引き取る

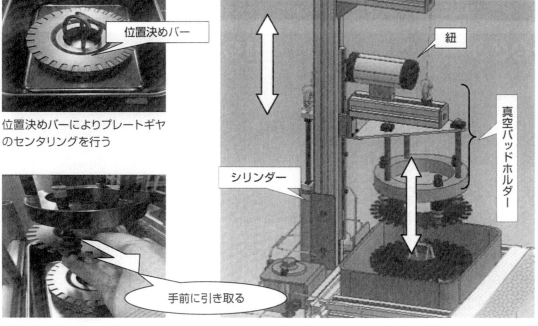

滑車

紐

真空パッドホルダー

シリンダー

自動コンベア上のワークベースのストッパー上昇をセンサーで確認して、シリンダーが上昇すると真空パッドホルダーの自重のみで下降し、プレートギヤを吸着する

## 改善のメカニズム

①真空パッドが真空バッドホルダーの自重で押されると、バッド内のエアーがチェックバルブにより押し出されるため、プレートギヤを吸着する(逆止弁の働き)

②真空パッドはベロータイプで、下側には吸着力は強いが横側の力には弱いので、簡単に手前側に引き取ることができる

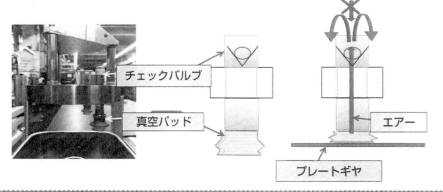

チェックバルブ

真空パッド

エアー

プレートギヤ

## 苦労したこと

部品のセンターリングとパッドの仕様選択に試行錯誤した。

## 改善の効果

確実に1枚切り出しができ、作業者の動きがサイクリックになった。1台当たり0.02分の短縮を実現した。

# 07 シリンダーの排気圧を利用した ガスケット1枚切り出し

作品名：が助っ人1枚しぼり

## からくり

ばねと重力による傾きを利用。

## 使った材料

エアーシリンダー、鋼板、ステンレス板
スプリング

## 制作者

ジヤトコ㈱　FR A/T工場
第二富士宮製造課　鈴木亘

## 制作費用

1万2000円

## 改善の概要&問題点

　ガスケットを平置きから取りやすくしたハンガー掛けに変更したが、薄物部品を1枚ごとサイクリックに確実に取り出すのが至難の業だった。

---

## 改善前

　ハンガー掛けしたガスケットを1枚ずつ取り出しているが、薄物部品は重なりがあるため2枚取り出したり、取り出し時間にバラツキが発生する。

ハンガー掛けしたガスケット

ガスケット

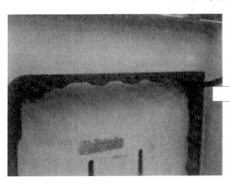

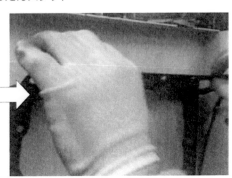

## 改善後

　ワークベースのシリンダーの排気圧を利用し、シリンダーにより上昇する押し上げプレートが、傾けてセットしたガスケットを1枚押し上げる。

ガスケット切り出し装置

スプリング

ガスケットを傾けてセット

切り出しガスケット受けフック2本

押し上げプレート

シリンダー

## 改善のメカニズム

　押し上げられたガスケットは、斜めにセットされているため前方に重心が掛かり、オーバーハング後はガスケット受けに収まる。

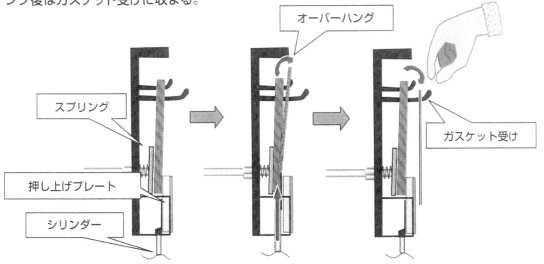

オーバーハング

スプリング

押し上げプレート

シリンダー

ガスケット受け

## 苦労したこと

ガスケットセット時に、内側の左右の形状違いと前方の傾きを考慮した最適な条件出しが難しかった。

## 改善の効果

確実なガスケット1枚切り出し化により作業の安定・効率化が図れた。

# 08 ゴムの摩擦を利用した ガスケット1枚切り出し

作品名：俺の1枚

## からくり
ゴム板の摩擦を利用。ゴム板は常に一定の力で押さえる重心式とした。

## 使った材料
シリンダー、ゴム板、蝶番、ステンレス板

## 制作者
ジヤトコ㈱　八木・京都工場
第一八木製造課　黒中正道

## 制作費用
8800円

## 改善の概要&問題点
ガスケットは容器の中に重ね置きしているが、薄物部品のため取り出しにくく、サイクリックな作業ができない。

## 改善前
ガスケットは、トレーの中に重ね置きしているので薄物部品は取りづらく、取り出し時間にバラツキが発生する。

1枚……
1枚……、
取りづらい……

## 改善後

コントロールバルブの入ったケースが流れてくると、シリンダーのリミットスイッチをONする。そしてシリンダーが上昇し、ガスケットが1枚押し出される。

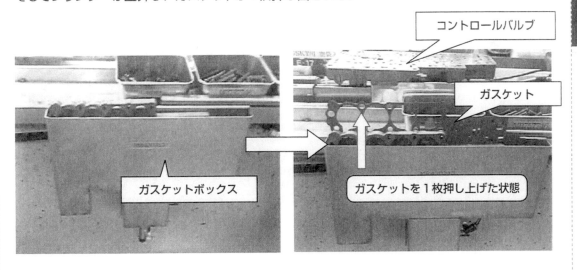

コントロールバルブ

ガスケット

ガスケットボックス

ガスケットを1枚押し上げた状態

## 改善のメカニズム

押し上げプレートのゴム板の重心は常にガスケット側にある。そのため、ガスケットの枚数が少なくなっても、同じ力で押し続けることができる。

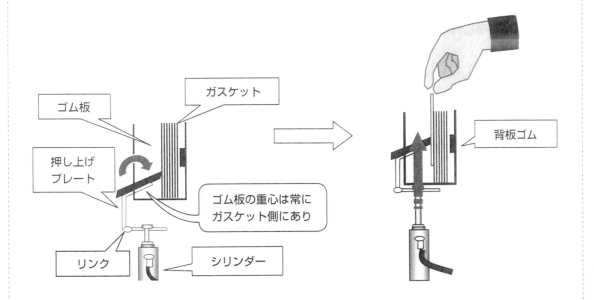

ゴム板

ガスケット

押し上げプレート

ゴム板の重心は常にガスケット側にあり

リンク

シリンダー

背板ゴム

## 苦労したこと

最後の1枚になると背板側の滑りが発生し、押し上げができなかった。その対策として背板ゴムを採用し、大きさを調整した。

## 改善の効果

・ガスケット取り出し時間0.01分/台の短縮

# 09 重ねた紙の1枚取り出しに 粘着ローラーを利用

作品名：作品名：『コロコロペッタン 1ま〜い、2ま〜い』

## からくり
フタを開けるだけで紙が取りやすくなる。

## 使った材料
フタ付ポリ箱、紐、蝶番、取っ手、
滑車、フレームの台

## 制作者
住友理工㈱
防振製造部　北角泰久

## 制作費用
1500円

## 改善の概要&問題点
　製品に乗せる防錆紙を手袋をつけた手で、1枚だけ取り出すのは簡単ではない。そこで、防錆紙の入った箱のフタを開けると、防錆紙が1枚フタに付いてくればいいなという発想から、粘着ローラー（100円ショップで購入）をフタに取り付けて、紐で吊るしてみた。さらに、両手がふさがっている状態でも、足踏みでフタを開けられるようにした。

## 改善前
防錆紙取り出し作業で、1枚ずつ確実に取ることが難しかった。

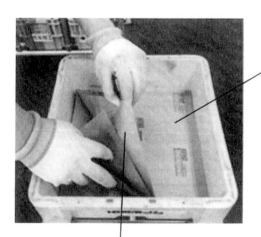

防錆紙

手袋をして1枚ずつ取るのは取りづらく、時間もかかり
イライラすることも……

## 改善後

粘着ローラーを利用して1枚取り成功した。

フタを開けると、防錆紙が1
枚粘着ローラーについてくる

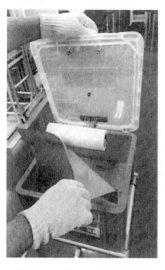

粘着ローラーから防錆紙
1枚を取る

ペダルを踏んでもフタが開く構造

## 改善のメカニズム

　フタが開くと、紐でつながっている粘着ローラーが上昇する。粘着ローラーには1枚の紙が
付着している。

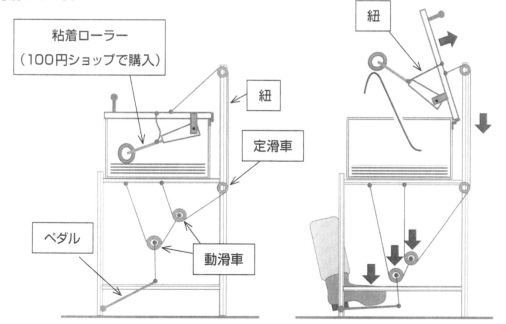

## 苦労したこと

安定して紙が取れる粘着ローラーの接着位置
や、粘着ロールの取付位置などの関係を割り
出すのに苦労した。

## 改善の効果

・タクト短縮と安定作業の実現

# 10 ガスケット1枚・ボルト定数取り できる装置

作品名：猫の手も借りたい

## からくり

真空パッド、リンク機構、カムフォロワーによるアーム駆動、シリンダーのスライドを利用。

## 使った材料

ロッドレスシリンダー、リンク機構部品、エアー部品、真空パッド部品

## 制作者

日産自動車㈱　横浜工場
第1製造部アクスル電動パワートレイン課　改善班

## 制作費用

7万円

## 改善の概要&問題点

　ガスケット1枚とボルト7本を取り、組付作業を行う際、ガスケットが積み重なって置かれているため、1枚ずつ取るのが難しい。また、量が少なくなるとガスケットズレ防止ピンがあるため、上まで持ち上げないと取れなかった。ボルトは定数取るために、数を確認しながら取らなければならなかった。

## 改善前

ガスケット組付作業の作業性に難があった。

ガスケット ─

ズレ防止ピン ─

ボルト ─

| | |
|---|---|
| ガスケット取り時間 | 0.12分／回 |
| ボルト取り時間 | 0.08分／回 |

## 改善後

ガスケット1枚とボルト7本を自動で取り出せる装置を考案した。

〈上面図〉

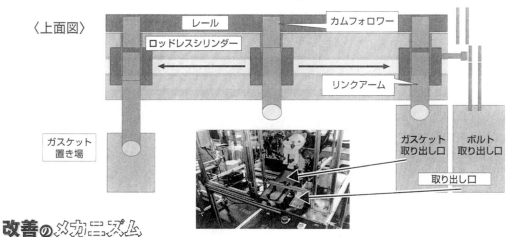

レール
カムフォロワー
ロッドレスシリンダー
リンクアーム
ガスケット置き場
ガスケット取り出し口
ボルト取り出し口
取り出し口

## 改善のメカニズム

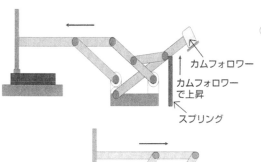

カムフォロワー
カムフォロワーで上昇
スプリング

①カムフォロワーでリンクが上昇し、リンクでつながったアームが前方に倒れる。倒れたところで、真空パッドがガスケットと密着し吸着する

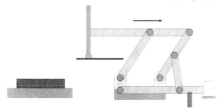

②アームはレール上を移動。移動中はリンクが戻り、それによってアームも戻される

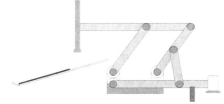

③取り出し口側で真空パッドの真空が切れ、取り出し口にガスケットが1枚搬出される

⑤シリンダー前進時ばねの力でボルト定数カートリッジが戻る

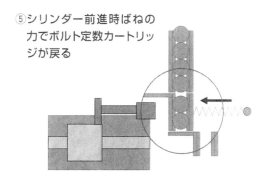

④シリンダーが原位置に戻るときにカートリッジを押し、ボルトを定数排出する

## 苦労したこと

リンク機構の考案と部品の選定に悩まされた。

## 改善の効果

ガスケット、ボルト取り時間短縮
0.2分／台　→　0.015分／台

# 11 リングを整列させて1個出し

作品名：リングのアスレチック体験

## からくり
らせんを利用してリングを供給し、じゃま棒で重なりを防ぐ。

## 使った材料
アクリル板、ステンレスパイプ、鉄板

## 制作者
㈱三五
設備部　花畑 誠

## 制作費用
30万円

## 改善の概要&問題点
　リングの1個出しで、最初のトライは良好だったが、ラインへ導入実施後(1カ月頃)に①落としプレートとはね出しプレート間で詰まる、②はね出しとピン間でつぶれる、③プレート上で止まる(静電気)などの現象が発生した。このような問題を解決すべく、改善に取り組んだ。

### 改善前
　リングの1個出し装置を開発したが、しばらくすると不具合が多発した。

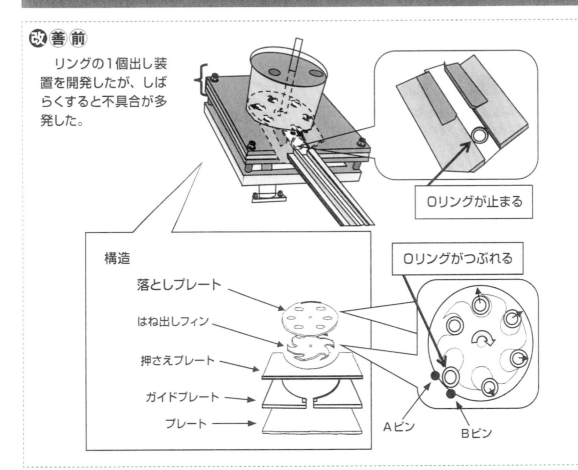

Oリングが止まる

Oリングがつぶれる

構造
落としプレート
はね出しフィン
押さえプレート
ガイドプレート
プレート
Aピン
Bピン

## 改善後

　内側にらせん状のガイドがついた円筒ドラムを右回転させることで、Oリングが下から上昇していく。なおかつ、ボルトの出代が違うトンネルシュートを通ることで、整列して（2枚重なりを防止）流れていく。

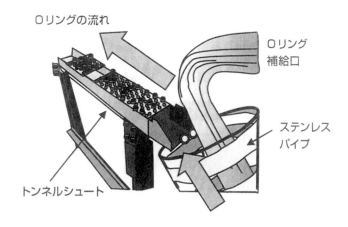

Oリングの流れ

Oリング補給口

ステンレスパイプ

トンネルシュート

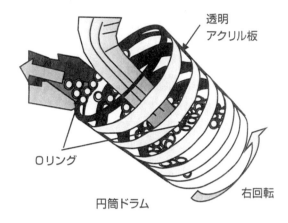

透明アクリル板

Oリング

円筒ドラム

右回転

## 改善のメカニズム

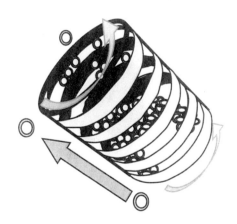

Oリングが円筒ドラム内にある。回転すると内側からせん階段状になっているため、Oリングが上に上がっていく

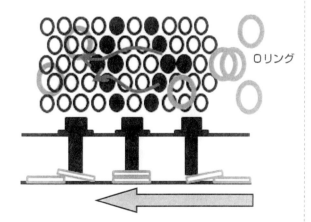

Oリング

トンネルシュート内でじゃま棒（ボルト）の長さ・配置を工夫したことで、Oリングが重なって流れることを防止

## 苦労したこと

じゃま棒（ボルト）の出代の調整と、配列の設定（配列を間違えると整列しない）が難しかった。

## 改善の効果

・リングへの無ストレス流しのため品質向上
・引っかかり部位がないため頻発停止ゼロ

# 12 定点で取れるマグネット式 部品切り出し装置

作品名：ガラポン

## からくり
磁石の吸着力を利用した部品取り出しと、ワークガイド形状の工夫による部品整列を実現。

## 使った材料
磁石、モーターなど

## 制作者
アイシン精機㈱　新川工場
工場管理G　技術内製課

## 制作費用
8万円

## 改善の概要&問題点
　ワークを直接部品箱から手で取り出しているため、向きや表裏の持ち替えによる工数のバラツキに加え、部品箱収容数に起因する付帯作業による工数が発生していた。

## 改善前
　部品の組付作業において、部品の取り出し時にワークの向きや裏表の持ち替えが発生していた。

取り出し

組付

手の中で反転、向き揃えなど
（バラツキ要因）

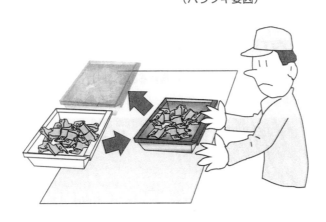

収容数に伴う
付帯作業の発生と
車種変更時に
段取り替えが
発生

## 改善後

　ワークをマグネットで1個ずつ取り出す姿勢を規正し、作業者の手元まで自動搬送する切り出し装置を製作した。

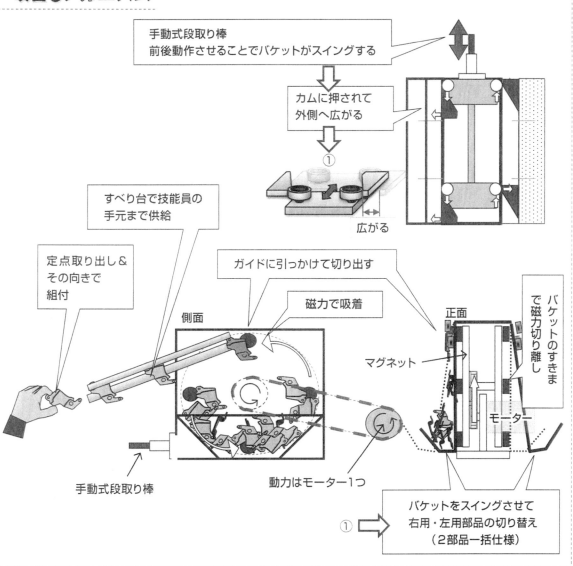

← バケット

## 改善のメカニズム

手動式段取り棒
前後動作させることでバケットがスイングする

↓

カムに押されて
外側へ広がる

①

広がる

すべり台で技能員の
手元まで供給

定点取り出し＆
その向きで
組付

ガイドに引っかけて切り出す

磁力で吸着

側面

マグネット

正面

バケットのすきま
で磁力切り離し

手動式段取り棒

動力はモーター1つ

モーター

①　→　バケットをスイングさせて
右用・左用部品の切り替え
（2部品一括仕様）

## 苦労したこと

正しい姿勢のワークはすべり台へ流し、そうでないワークは流さないで元へ戻す。そのための切り出し用ガイドの形状はカットアンドトライで決めた。

## 改善の効果

・正味時間・バラツキ改善：▲0.5秒/個
・付帯作業・段取り作業廃止：▲3.0秒/回

# 13 ペダルを踏むと ワッシャーが飛び出してくる

作品名：へい！お待ち‼

## からくり

ペダルを踏むと、2種類の機構でワッシャー（2枚×2セット）を定量取りできる。

## 使った材料

鋼材、ピン、スプリング、割りピン

## 制作者

マツダ㈱　防府工場西浦地区
第4車両製造部第2組立課　今井太一

## 制作費用

5000円

## 改善の概要&問題点

　車両組立のリアサスペンション搭載作業において、左右2枚ずつのワッシャー（大きさ：径65mm×板厚3mm）をセットする作業がある。ワッシャーの搬入箱から左右の手で2枚ずつを取りたいが、重なり合っているため取りづらい。また、「一度で取ることができない」という問題があった。

## 改善前

ワッシャーの取り出し作業に以下の課題を抱えていた。

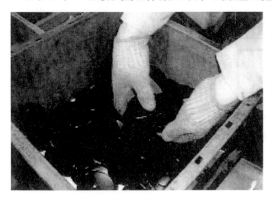 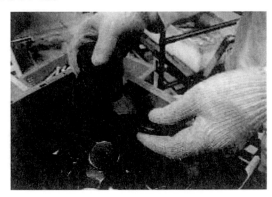

○搬入されてくる部品箱から、両手で探りながらワッシャーを2枚ずつ取っていた（探る、作業のロス）
○一度に2枚取れないときは、もう一度ワッシャーを取る（作業ロス）
○2枚以上取れたときは、余分なワッシャーを戻していた（作業ロス）

## 改善後

ワッシャの定量払い出し
装置を考案した。

○限られたスペースで力の伝
達ができるようにし、ワッ
シャーを押し出す
（厚さ20mm以内のスペー
スで力の伝達ができた）
○両手で出てきているワッ
シャーを取り、ペダルを踏
むと次のワッシャーが2枚
×2セット出てくる

『へい!お待ち!!』全体図

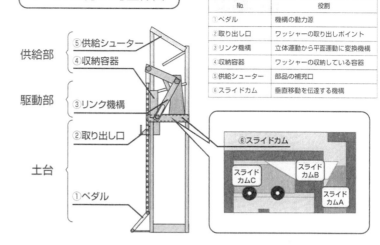

| No. | 役割 |
|---|---|
| ①ペダル | 機構の動力源 |
| ②取り出し口 | ワッシャーの取り出しポイント |
| ③リンク機構 | 立体運動から平面運動に変換機構 |
| ④収納容器 | ワッシャーの収納している容器 |
| ⑤供給シューター | 部品の補充口 |
| ⑥スライドカム | 垂直移動を伝達する機構 |

## 改善のメカニズム

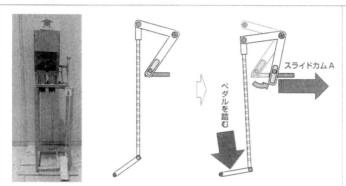

**【リンク機構】**
○ペダルを踏む力で、L型のリンクで上下運動→前後運動へ変換

○「スライドカムA」に力を伝達し前にスライドする

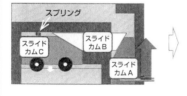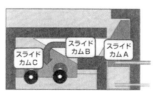

**【スライドカム機構】**
○異なる3種類のスライドカムによって前→横→手前に力を伝達する（厚さ20mm以内のスペースで力を伝達できた）

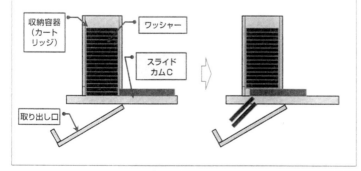

**【定量取り機構（カートリッジ）】**
○「スライドカムC」が手前にスライドすることにより、カートリッジに入っているワッシャーを押し出す

○スライドカムCの厚さによって、カートリッジ内のワッシャーが2枚ずつ、取り出し口に落とし込む

**【原点復帰】**
○スライドカムCとスライドカムAに取り付けてあるスプリングにより原点復帰する

## 苦労したこと

スライドカムを軽い力で作動させる角度の検証と、取り出し口で2枚のワッシャが確実に取れるようにしたこと（2枚がずれると引っかかり、一回で取れない）

## 改善の効果

・部品取りのロス：0.03分/台削減
・ワッシャーの2度取り＆戻しによる作業ロス：ゼロ

# 14 定量のナットをワンタッチで確実に取る

作品名：線上に架ける橋

## からくり

同期台車の動く力を利用し、定量のボルト・ナットをキャビン内から取れるように手元化。

## 使った材料

直動案内、鋼材

## 制作者

マツダ㈱　防府工場西浦地区
第4車両製造部第1組立課　中村優彦

## 制作費用

2万5000円

## 改善の概要&問題点

　ナット5個を同期装置の部品箱から取り出す際に、約30%しか定量が取れず、ナットを2度取ったり、戻したりしていたためにロスが発生していた。また、定量取り装置の容量が少なく、1時間分しか入れられない。したがって、少なくなると作業者が補充しなければならなかった。

## 改善前

部品取り動作に以下の課題があった。

○改善前は部品箱に直接手を入れて、手探りでナットやボルトを取っていたため、定量取りができず2度取ったり、戻したりする作業ロスが発生していた
○ナットを取るときに、同期台車が離れているため姿勢が悪い

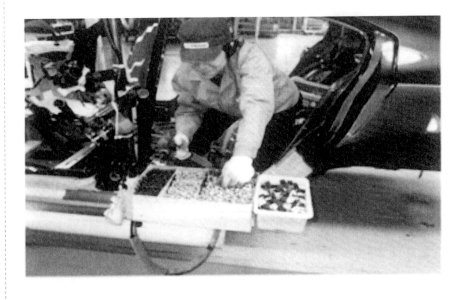

## 改善後

　ナットの定量払い出し機構を製作した。部品箱側を改良し、からくり装置から流れてきた定量のナットをワンタッチで取れるようにしたことにより、最短で確実に定量のナットが取れ、部品取りのロスが低減できた。

## 改善のメカニズム

| | | |
|---|---|---|
| 定量ナットの手元化 | 力の伝達機構<br>手元化機構<br>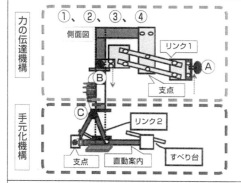<br>①、②、③、④　側面図　リンク1　A　B　支点　C　リンク2　支点　直動案内　すべり台 | ①同期装置にレールを取り付け、同期装置の戻ってくる力を利用し、ラインサイドにある「リンク1」のA部を押し上げる<br>②「リンク1」のA部の反対側：B部が押し下げられスライドロッドを押し下げる<br>③2つの組み合せた「リンク2」を逆V字にセットし、頂点を押さえると下側が広がる特性を利用。それによって、力の伝達を［上下］→［横スライド］へ変換（逆V字にすることでストロークを2倍）<br>④「リンク2」の下側の片方を固定し、もう片方を直動案内のスライダーに固定し、そのスライダーに取り付けてある「すべり台」が押し出すと同時に、定量装置のフタが空く |
| | ⑤　B　すべり台が伸びた後に定量取り装置のフタを開ける仕組み　定量取り装置　排出口のフタの重り　定量取り装置の排出口フタの重りの中にベアリングを入れ、重りが回転するようにした | ⑤押し出された「すべり台」が定量装置と同期装置の"架け橋"となり、定量のナットを同期装置へ払い出す。 |
| 定量装置へのナットの供給化 | 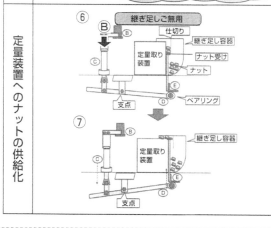<br>⑥　継ぎ足しご無用　B　仕切り　継ぎ足し容器　定量取り装置　ナット受け　ナット　C　E　D　ベアリング　支点<br>⑦　B　定量取り装置　継ぎ足し容器　C　E　支点 | ⑥スライドロッドによって、下側のシーソーリンクを押すことで、「継ぎ足し容器」内の「ナット受け」を押し上げる<br>⑦ナット受けで数個のナットが押し上げられ、横の窓口よりナットが「定量取り装置」内へ補充される |

## 苦労したこと

定量取り装置から同期装置の部品箱にナットを送るための構造を工夫した。また、架け橋の出るタイミングなどの調整に手間取った。

## 改善の効果

・取り出し時間… 0.03分/台 →0.01分/台
0.02分/台×500台/日×2直＝ 20分/日
短縮
・作業者によるナット補充作業の撤廃

# 15 カン・コツに頼らない ナットの定数取り

作品名：サイクリック戦隊『定量取れるんジャー』

## からくり
てこの力で磁石が付いた歯車を回転させ、ナットを吸着搬送し、シューターで整列させる。

## 使った材料
パロニア板、アルミパイプ、磁石

## 制作者
マツダ㈱
第1車両製造部第2組立課　トップサークル

## 制作費用
3万8000円

## 改善の概要 & 問題点
ナットを5個取る作業はカン・コツに頼ったものだった。取る数に過不足があると、作業にバラツキが出る。また、市販の定数取り装置は高価で、全工程に展開できない。そこで、新人でも確実に5個取れる定数取り装置をパロニア板で安価に実現し、全工程に水平展開する。

## 改善前
ナットを左手で5個取る作業は人によってバラツキがあった。

めんどくさい

1 ナットを5個取る

2 手戻りが発生

余分に取る

1個戻すつもりが
2個戻しちゃった

少なかったり、多かったりすると手戻りになる

## 改善後

手を差し出すだけで、ナットが定量供給されるようになった。

## 改善のメカニズム

パロニア板で誰でも手軽に作れる！

### 1：動力部

③ロットが歯に当たり歯車を回転させる

①インパクトレンチの重さでホルダーが下がる

支点

②てこの原理で反対側を上げる

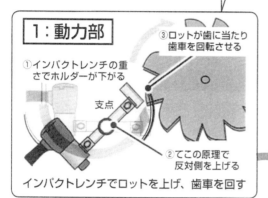

インパクトレンチでロットを上げ、歯車を回す

### 2：搬送部

埋め込み磁石
ナットを付けながら回転する

払い板
磁石についたナットを取り出す

整列部へ

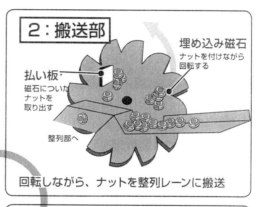

回転しながら、ナットを整列レーンに搬送

### 4：定量取り部

ストッパー
ナットが出ないようにせき止める

下がる

ナット5個分の距離

リンクにより連動

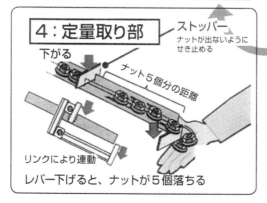

レバー下げると、ナットが5個落ちる

### 3：整列部

方向制御板
ナットを横に寝かせる

シューター部
ナットの向きを変える

整列レーン
一列に並べる

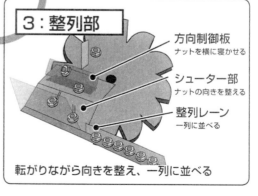

転がりながら向きを整え、一列に並べる

## 苦労したこと

電動ドライバーの重力の伝え方のほか、歯車を回転させる仕組みやナットの向きを揃える機構、ナットを定量落とす仕組みを工夫した。

## 改善の効果

作業のバラツキがなくなり、サイクリックな作業を実現できた。

# 16 手元で楽々ボルト定量取り出し

## からくり
交互ストッパーで定量化し、傾斜を活かしてボルトのバラツキを抑え、縦整列を実現。

## 使った材料
アルミフレーム、アングル、鉄パイプ、樹脂パイプバランサー、樹脂板、半円プレート

## 制作者
トヨタ自動車㈱　ユニット生技部
新工法チーム　広瀬甚一郎、松崎 泉

## 制作費用
25万円

## 改善の概要&問題点
　組立工程では、部品を取り付けるため、部品箱からボルトを取って作業を行っている。その際、定量取り出しに時間がかかる。また、握った状態での1本の取り出しは経験や慣れが必要。決まった数のボルトが取れないため、締付忘れの恐れがある。このほか、ボルトを握った状態での1本取り出しは大変で、取り回し時に落下混入の心配もあった。

## 改善前
組立工程に慣れや経験が必要な作業があった。

①ボルトをつかむ

定量取り出しは時間がかかる

②ボルトを1本取り出し
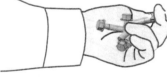
経験や慣れが必要

③ねじ側に持ち替えてソケットへセット
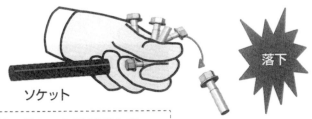
ソケット　　落下
「ながら」の持ち替えは作業が不安定

## 改善後

### ①無動力定量切り出しの考案

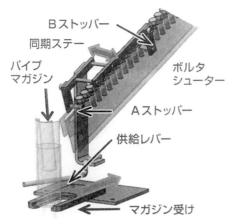

Bストッパー
同期ステー
パイプ
マガジン
ボルタ
シューター
Aストッパー
供給レバー
マガジン受け

供給レバーと連動したパイプマガジンを押すことによりAとBのストッパーが開閉、ストッパー間のボルトが定量切り出される

### ②パイプマガジンの考案

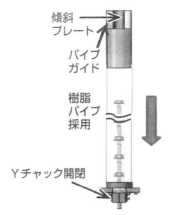

傾斜
プレート
パイプ
ガイド
樹脂
パイプ
採用
Yチャック開閉

切り出されたボルトをパイプマガジンで縦並びに整列。先端部の開閉Yチャックを利用し、ボルトを1本ずつ抜き取って手元化

## 改善のメカニズム

### ①パイプマガジンを押し込む （①～⑤が一連動作）

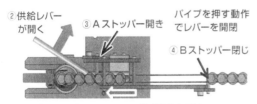

②供給レバーが開く
③Aストッパー開き
パイプを押す動作でレバーを開閉
④Bストッパー閉じ
①パイプをワンプッシュ
⑤ボルトを流す

### ②ABストッパー間のボルトを流す

ABストッパー開閉で定量切り出し
B
A

### ③パイプマガジンへ定量ボルト供給

ボルトが回転して落ちて詰まりが発生することがある

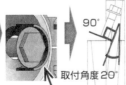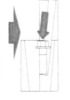

パイプへボルトを落とし込む

傾斜プレートを取り付けて、回転の動きを抑えてボルトのバラツキをなくし、縦整列を可能にした

90°
取付角度20°
傾斜プレート

### ④マガジン先端部からボルト切り出し

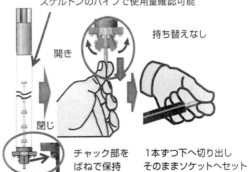

スケルトンのパイプで使用量確認可能
開き
閉じ
持ち替えなし
チャック部をばねで保持
1本ずつ下へ切り出しそのままソケットへセット

## 苦労したこと

無動力でボルトの整列、定量化をし、パイプマガジンでボルトを縦並びに変換し、手元化すること。

## 改善の効果

・ボルトの定量化により品質向上
・ボルトの手元化

# 17 スチールボール4個の 一括取り出し供給

作品名：玉だしジョ〜ズ

## ⓚⓡからくり
4層のプレートによるスライド運動のみで部品を供給する。

## ⓤ使った材料
プレート、直動案内

## ⓜ制作者
マツダ㈱　防府工場中関地区
第4パワートレイン製造部　松本友和

## ⓖ制作費用
19万4000円

## ⓚ改善の概要&問題点
バルブボディにスチールボールを組み付ける際、容器にバラ入れした状態のスチールボールを1個ずつ手作業で取り出し、4カ所に組み付けていた。

---

### ⓚ改善前

スチールボールには防錆油が塗られているので滑りやすく、容器にバラ入れした状態から1個ずつ取り出すのが困難であった。また、バルブボデイの組付部位には類似した穴があるため、組付箇所を間違える懸念があった。

容器

組付箇所

スチールボールの組付作業

## 改善後

容器にバラ入れした状態のスチールボールをワンタッチで4カ所同時に、1個ずつ組付できるようにするため、組付装置を製作した。

スチールボール組付装置

部品投入缶

レバー

プレート（4層）

<1層目プレート上部>

部品供給口（8カ所）

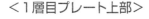

撹拌棒（2本）

## 改善のメカニズム

役割を持たせたプレートを4層に重ね、部品の自重落下とプレートのスライド運動のみで、①部品撹拌→②部品供給→③部品セット→④部品蹴り出し→⑤部品位置決め→⑥部品組付を可能にした。

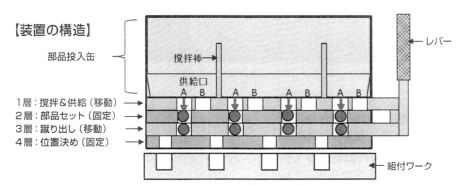

【装置の構造】

部品投入缶

撹拌棒

レバー

供給口

1層：撹拌＆供給（移動）
2層：部品セット（固定）
3層：蹴り出し（移動）
4層：位置決め（固定）

組付ワーク

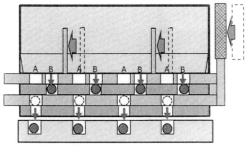

【作動1】

1層：部品の撹拌＆供給口Bから2層への部品供給状態
2層：供給口Bからの部品受入状態
3層：4層への部品蹴り出し
4層：部品の位置決め＆組付部への搬出

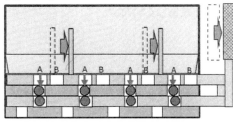

【作動2】

1層：部品の撹拌＆供給口Aから2層への部品供給状態
2層：セット部品を3層へ搬出＆供給口Aからの部品受入状態
3層：2層からの部品受入状態

## 苦労したこと

ワンタッチで1個取り出しを確実に行う機構の考案に苦慮した。

## 改善の効果

・作業時間：▲0.06分/台の低減
　（労務費を▲280万円/年）

# 18 異種パーツの自動表裏判別

## からくり

パーツの径違いを利用した選別。パーツを特殊溝で表裏判別し、表向きに統一する。

## 使った材料

振動装置（流用）、板金、鋼材

## 制作者

㈱SUBARU　産業機器本部
製造部製造課　ダイヤモンズサークル

## 制作費用

1万円

## 改善の概要 & 問題点

　手作業でパーツを表裏選別し、供給棒へセットしていた。その際、ライン作業を行いながら手作業で表裏判別していたため、ミスが起こり不具合を出していた。ライン内には、表裏判別機を設置するスペースがなかった。

## 改善前

　大小それぞれ径違いのパーツを専用の供給棒にセットする。ライン作業を行いながら手作業で表裏判別を行っていたため、ミスが起こり不具合を出していた。その結果、手作業の時間がかかり、生産ロスが発生していた。

結構、めんどうなんだよなぁ…

# 改善後

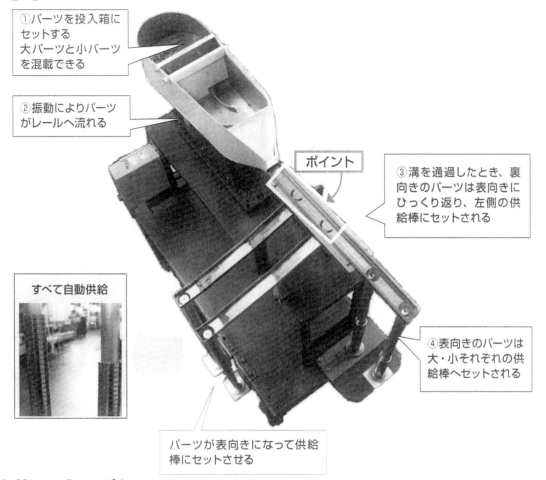

①パーツを投入箱に
セットする
大パーツと小パーツ
を混載できる

②振動によりパーツ
がレールへ流れる

ポイント

③溝を通過したとき、裏
向きのパーツは表向きに
ひっくり返り、左側の供
給棒にセットされる

④表向きのパーツは
大・小それぞれの供
給棒へセットされる

すべて自動供給

パーツが表向きになって供給
棒にセットさせる

# 改善のメカニズム

パーツの形状違いを利用し、レールにあけた特殊溝で表裏を分別する。落下時にひっくり返る力を利用して表向きに統一させ、左側の供給棒にセット。パーツの大小は、先に小の穴を通過させることで小パーツを分ける仕組みとした。

裏
表

小　　　大

# 苦労したこと

溝の形状検討と溝加工に苦労した。全体のバランス調整が難しかった。

# 改善の効果

・部品供給時間の削減
・部品誤供給をゼロ化

# 19 | ダイワクハリを補強する ボルト締付作業の改善

作品名：逆さ2本締め

## からくり
ボルト締付用の電気ドライバーを逆さまに固定する。

## 使った材料
電気ドライバー、ボルトセット治具

## 制作者
パナソニック㈱　アプライアンス社
キッチンアプライアンス事業部草津工場　内田喜和

## 制作費用
19万9000円

## 改善の概要&問題点
　ビルトイン食洗機のダイワクハリ補強（板金部品）で2本の樹脂ボルトを締め付けているが、ボルトの落下防止のために片手で保持することが必要である。また、板金部品の振れ防止のための保持も必要となる。品質面では、ボルト締付高さを目視確認しているためバラツキも発生している。

## 改善前
ダイワクハリ補強のボルト締付作業の課題を抱えていた。

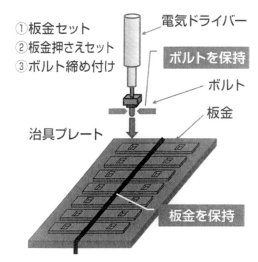

①板金セット
②板金押さえセット
③ボルト締め付け

電気ドライバー

ボルトを保持

ボルト

板金

治具プレート

板金を保持

ダイワク

穴

板金

ボルト

穴

ダイワクハリ補強

組立工数：0.2分/台

○ボルトの保持が必要（落下防止）1本ずつの締め付け
○板金の保持が必要（振れ防止）
○ボルトの締付高さを目視確認

## 改善後

ボルトを簡単に締め付けられる設備を製作した。
① 樹脂ボルトセット（2本）
② ワンプッシュ同時2本締め付け（板金部品を保持しながら）

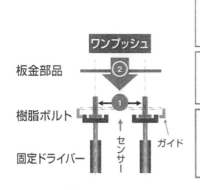

〔生産性〕・ドライバー／ボルト保持レスでワンプッシュ同時2本締め！

〔品質〕
○ボルト高さ位置決めブロック取り付け
○板金規正用ガイド取り付け

〔安全〕
○板金検知後にドライバーに通電
○締付時、治具内で振れ止め

〔展開〕
○板金供給ユニットの増設
○完成品取り出しユニットの増設
→自動化によるさらなる工数削減

## 改善のメカニズム

### ドライバー固定

ドライバーを逆さに固定して、板金をワンプッシュするだけでボルトを2本締め付けることができる

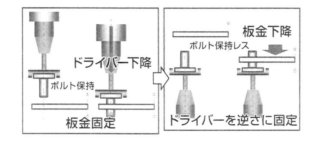

### 回転揺れ止め

板金を案内ガイドに当てることで、振動を抑えることができる

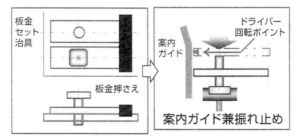

### 高さ位置決め

高さ位置決めブロックを設置できるようにしたことで、ボルトの締付高さを一定にできる

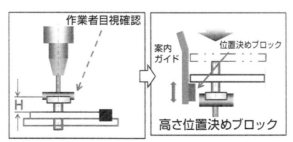

## 苦労したこと

アイデア出し～構想設計～組立調整まですべて自前で考案し、請負会社と協力・連携して制作した。

## 改善の効果

・工数削減：▲0.15分／台
・生産工程面積の半減化（2㎡→1㎡）

# 20 瞬間接着剤の塗布棒を足踏み式で 固定し作業性を向上

作品名：置きたくないもん

## からくり

リンク機構を利用した。

## 使った材料

糸、鋼材

## 制作者

㈱中勢ゴム
技術部生産技術課　岩部公則

## 制作費用

5万円

## 改善の概要 & 問題点

　瞬間接着剤をつけるときにその都度、接着棒を持って戻す作業を繰り返すため作業性が悪い。また、接着棒を持ったまま作業をすると、接着棒がワークに触れて不良をつくる可能性があった。

---

## 改善前

　接着剤の塗布作業で作業性に難があった。

①接着剤をつける

②接着棒を置く

③ワークを接着する

# 改善後

接着剤塗布用の設備を製作した。

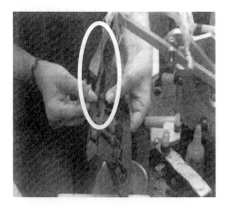

治具で固定された接着棒で塗布する

駆動側を円盤にして紐を足踏みペダルに連結
ペダルから足を離すと、反対側の重りで戻る
水中に重りを入れてあり、戻る速度は遅い

# 改善のメカニズム

原位置：
接着棒は接着剤容器の中

回転中：
足踏みペダルで回転する

接着位置：
ストッパーで停止する

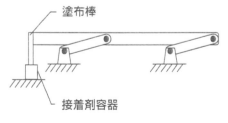

塗布棒

接着剤容器

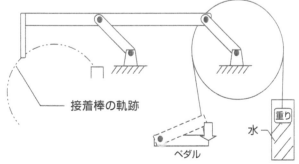

接着棒の軌跡

ペダル

重り

水

※リンク機構で接着棒を移動させている

## 苦労したこと

作業性も上げたいが、安全性を確保することにこだわった（回転中にはさまれても被災しない）。

## 改善の効果

・作業時間：40秒→19秒

# 21 台車の棚を斜めにして製品投入・取り出し時の姿勢を改善

作品名：ガチャロック台車

## からくり
台車の棚を斜めに固定・解除する機構を考案した。

## 使った材料
イレクター部品

## 制作者
豊田合成㈱　IE製造部製造技術室工程改善課
吉田卓弘、長谷川昌広、廣瀬昭博、武井宣明

## 制作費用
7000円

## 改善の概要&問題点
低い棚へ入れる作業が非常にやりにくい。
作業時に製品にキズがつく。
腰曲げ作業であるため肉体的につらい。

## 改善前
棚の低い段に製品を入れる際はかがむ姿勢が必須で、
キズをつけないように慎重に入れる必要がある。

腰にくるなぁ…

## 改善後

角度を変えられる棚を製作した。

ワンタッチで棚の角度が変わるので、下段に製品を入れる際も楽々！

○構造が簡単
○市販品で製品できる
}他工程への横展開が簡単

## 改善のメカニズム

①棚を少し持ち
上げる

②金具が引っかかり
ロックされる

自重で金具が
回転する

③もう一度持
ち上げると、
ロックが解
除される

解除位置で、
金具が
反転する

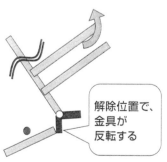

④元の位置
へ戻る

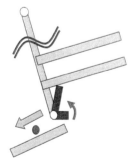

## 苦労したこと

横展開ができるように、イレクター部品のみ
で製作した点に工夫がある。

## 改善の効果

・作業性向上
・品質向上

# 22 ワークの自重を利用した 外観検査時の手持ちを廃止

作品名：バタンQ～

## からくり

ワークの自重とバランスを利用。

## 使った材料

アルミパイプ、ワイヤー

## 制作者

アイシン高丘㈱　本社工場
加工改善係

## 制作費用

1万5000円

## 改善の概要&問題点

　クランプキャップ加工ラインで製品の外観検査を実施する際、両面検査のために全数手持ちで外観検査を実施している。しかし、生産個数が多いうえに1個当たりの重量があるため、作業者の大きな負担になっている。

## 改善前

加工ラインでの外観検査が大きな負荷作業となっていた。

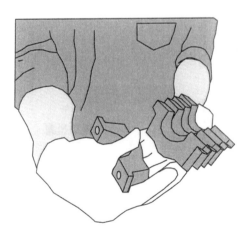

全数を手持ちで外観検査を実施している

5個/1セット ⇒ 4kg/1セット
腕の疲労が増大するうえに、指先のはさまれも危険要因である

## 改善後

検査用治具を製作して肉体的な負荷を減らした。

① 検査 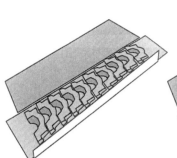 ② 起立  ③ 検査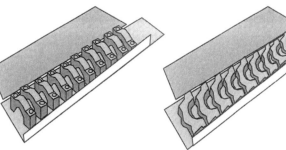

製品を倒して側面を検査　　てこの機構で起立　　逆側に倒して側面を検査

## 改善のメカニズム

① 側面を検査 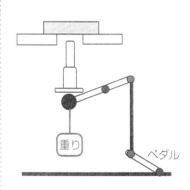 ② てこで起立 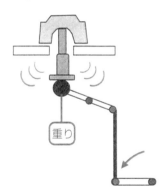 ③ 離すと戻る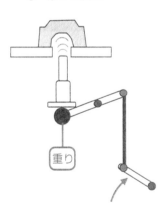

ポイント　○ワーク形状と自重を利用してワーク起立
　　　　　○ウエイト（重り）を利用して定位置に復帰
　　　　　○手持ちなしで加工面を検査

## 苦労したこと

円弧形状に合わせた起立バーの製作や引っ掛かりのないスライド機構の考案が大変だった。

## 改善の効果

・検査時間の低減
・作業者への肉体的負担軽減

# 23 重量部品(8kg)組付時の 反転作業を向上

作品名：反転じょ～ず

## からくり
ワーク本体の重量アンバランスを利用して反転させる。

## 使った材料
スプリング、ワンウェイクラッチ

## 制作者
マツダ㈱　防府工場中関地区
第4パワートレイン製造部　冨永正浩

## 制作費用
19万8000円

## 改善の概要＆問題点
　エンドカバーをシール剤塗布部に触れないよう、手で持って反転させているが、重量が8kgあるため手首に負担がかかる。反転後はインターナルギヤとピニオンギヤ、サンギヤとピニオンギヤの同時に8カ所を合わせなければならないので、組みにくい。また、1日1200台と生産が多く、難作業になっている。

## 改善前

エンドカバー組付作業を以下のような要領で行っていた。
①シール塗布したエンドカバーを台上で反転させる
②組付治具で吊り上げて、ワークに組み付ける

MAZDA　SKYACTIV
トランスミッション

①エンドカバーを手で反転

②シール剤に触れないよう注意

③治具で吊り上げて組み付ける

## 改善後

治具をスライドさせてクランプする以下のような装置を考案した。

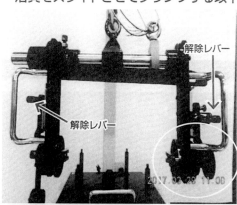

解除レバー

解除レバー

○クランプしたらロックがかかり、解除レバーを操作しない限り外れない
○反転はクランプする位置をずらすことにより、エンドカバー本体の重量アンバランスを利用して行う
○反転しても衝撃が治具全体で吸収され、作業者の負担にならない
○重心センターに対してクランプ位置を10mmオフセットさせたことにより、適度なスピードで反転する（レバーで一発アンクランプ）

①クランプ

②反転して組付

シール塗布したエンドカバーを、治具で吊り上げ反転させ、ワークに組み付けられる

## 改善のメカニズム

①ワンウェイクラッチと軸受の機能を持ち合せている。逆転しない構造になっている
②吊り下げはバランサーで行い、重量バランスを取っている。安価（1万円程度）に抑えた
③メカ的ロック解除／原位置戻り機構の開発

メカ的ロック解除機構
（スプリング使用）

ロックが外れるとスプリングの力で原位置に戻る

メカ的原位置戻り機構
（ウエイトでクランパーが元に戻る）

  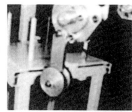

組付後、ロック解除すれば原位置に戻り、すぐに次の作業に移れる

## 苦労したこと

動力レスでの反転自動ロック機構と、ロックの一発解除機構（クランプ・アンクランプ）の考案がポイントとなった。

## 改善の効果

・反転・組付時間の短縮
　平均0.30分/台→平均0.15分/台

# 24 クラッチワークの持ち上げ、反転作業を廃止

作品名：からくり反転機「楽転君」

## からくり
ワークの重量アンバランスとスプリングの復元力を利用する。

## 使った材料
スプリング、スプロケット、チェーン

## 制作者
マツダ㈱ 防府工場中関地区
第4パワートレイン製造部 藤本一成

## 制作費用
19万2000円

## 改善の概要&問題点
ワーク重量が5kgあり、それを1直当たり900台持ち上げて反転させる作業がある。
反転させる際に、組み合わせた当たり部品がズレることがある。

## 改善前
作業者がワークを持ち上げて反転し、完成シュートに投入していた。

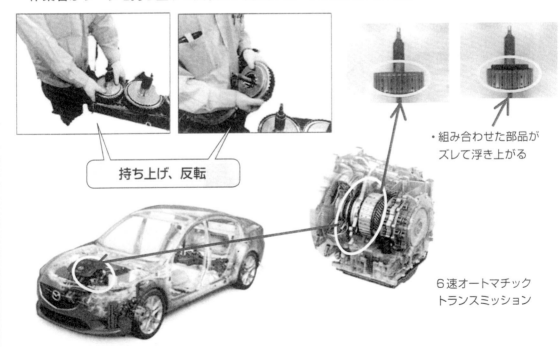

持ち上げ、反転

・組み合わせた部品が
ズレて浮き上がる

6速オートマチック
トランスミッション

ワークを抱えず、かつクラッチ部品がずれないように反転できないか！

## 改善後

　容易にワークを反転できる装置を製作。反転させることで、ワークの持ち上げと反転の重筋作業を廃止できた。

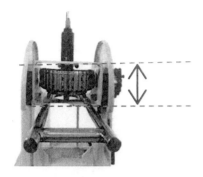

からくり反転機

部品が正しく組み合わさってないときの寸法差を測定し、反転機の間口寸法を決め、良品のみを保証して後工程へ送るようにした

スプロケットとチェーンにスプリングを組み合わせることで、ワーク搬出後に自動で原位置に戻り、ノータッチで次のワークを搬入できる

## 改善のメカニズム

センターがずれていることにより、90°傾けると「クルッ」と反転する

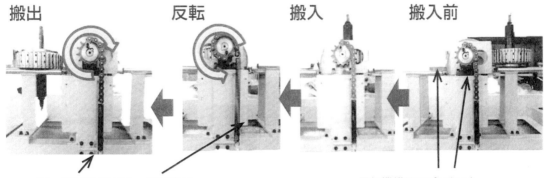

| 搬出 | 反転 | 搬入 | 搬入前 |

ワークを払い出すと、反転機がスプリングの力で原位置に戻る

反転機構はスプロケットとチェーン、スプリングを使用

## 苦労したこと

ウエイト、アンバランスを利用するだけでは元に戻らず、最終的にスプリング、スプロケット、チェーンを組み合わせた。

## 改善の効果

・重筋作業の解消
・部品ズレによる品質不良なし

# 25 ワーク反転作業の廃止

作品名：重量物を簡単にゴロンくん

## からくり

重り、紐、滑車、てこの利用でワークを反転

## 使った材料

アルミフレーム、鋼材、MCナイロン、
ベアリング、釣り糸（マグロ用）

## 制作者

㈱豊田自動織機　碧南工場
佐々木渉

## 制作費用

19万円

## 改善の概要&問題点

　エンジンブロック（21kg：以下ワーク）の加工ラインで、ワークの姿勢を反転させる工程では反転装置を人力で回しており、重筋作業となっていた（非力な作業者には不向きであった）。そこで、ワーク重心と反転装置の回転中心の位置関係にアンバランスを生じさせ、ワーク重量と重り＋紐＋滑車＋てこを駆使することで、ワークを投入するだけで反転を実現させた（自動搬送の場合、作業者は不要）。

## 改善前

　エンジンブロック（21kg）を反転装置に投入後、
人力で反転する作業をしていた（重筋作業）。

キツイ作業だなぁ…

## 改善後

エンジンブロック（21kg）を反転装置に投入するだけで、自動で反転・搬出できるようにした。

**手順①**

**手順②**

**手順③**

## 改善のメカニズム

**【ワーク搬入によるドラム回転力の発生動作】**

ワークが回転ドラムに進入する際、ローラーを回転させる力（摩擦力）により、ローラーに締結された紐が滑車を経由して補助ウエイトBを巻き上げ、回転ドラムの回転力を発生させる

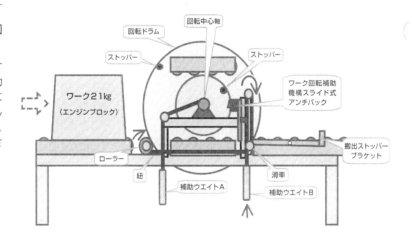

**【ワーク搬出による回転ドラムの戻り回転力の発生動作】**

ワークが払い出され、搬出ストッパーブラケットをワークが押し下げると、てこの原理で回転ドラムのストッパーが解除され、補助ウエイトAの自重落下の力でドラムが元の位置に回転する

〈補足〉
ワーク搬入後に回転ドラムが回転することで、回転中心軸に締結された紐が巻き取られ、補助ウエイトAを巻き上げ、ワーク搬出後の回転ドラムの戻りの回転力となる

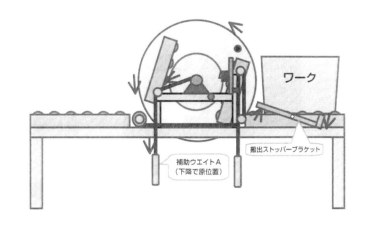

## 苦労したこと

反転装置の回転戻し動作を実現させるための機構と重りのバランス設定に苦労した。

## 改善の効果

・高齢者、女性作業者でも配置可能
・作業工数削減

# 26 キットボックス部品トレーの手元化

作品名：忍法!! 出戻りーな

## からくり
てことリンク機構を組み合わせた。

## 使った材料
家具用スライドレール、ガイドローラー、引張ばね

## 制作者
日産自動車㈱　横浜工場
第1製造部エンジン課　改善班

## 制作費用
3000 円/台

## 改善の概要&問題点
　コンベアの搬送力を使い、キットボックスの部品トレーが、取りたいときだけ作業者の近くまで出てくるように改善した。

## 改善前
棚が雛段にはなっているが、固定式キットボックスでは取り出しにくかった。

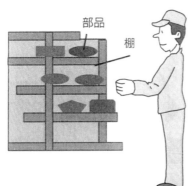

部品

棚

◆困っていること
①トレーの奥の部品が取りにくい
②エリアが狭く、常時化だと作業性が悪くなる

◆改善の着眼点
　取りたいときだけ取りやすい位置に
部品が来ないのか？

固定式キットボックス

取りにくい

## 改善後

作業のしやすいキットボックスを製作した。作業時だけトレーが出てきて、
作業後は元の位置に戻る。

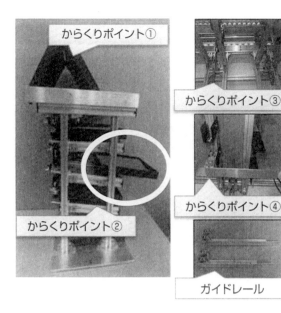

からくりポイント①

からくりポイント③

からくりポイント②

からくりポイント④

ガイドレール

◆ポイント

①上段の部品を取った後、2段目の開放

②棚の傾斜化（からくり機構）

③容易に工程位置の変更ができる（クランプ
　固定）

④取り出したいトレーの変更
　長さの変更でタイミングも変更可

## 改善のメカニズム

ガイドレールにトレーのローラーが当たり、その力でアームがスイングしてトレーが出てくる。
工程通過後、ガイドレールがなくなるとばねの力で自力で戻る。

〈トレーの出戻る仕組み〉

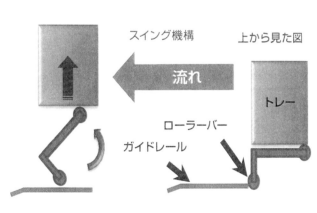

スイング機構　　　　　　上から見た図

流れ

トレー

ローラーバー

ガイドレール

## 苦労したこと

ばねの張力がちょうど良いものを見つけるの
に苦労した。

## 改善の効果

部品取りが手元化された。

# 27 トレーを回転する作業をなくす

## からくり

カム、シュート、てこ、トグル機構を使ってシンプルに製作した。

## 使った材料

コロコンベア、ボールローラー、カムフォロワー、玉軸受、鋼材（現場にあるモノを使う）

## 制作者

トヨタ車体㈱　生産調査部　ものづくり改革グループ
吉田道弘、脇坂 誠、山西弘将、岡崎智貞

## 制作費用

3万7800円

## 改善の概要 & 問題点

車のタイヤカバー部のワークをトレーにセットする際、持ったワークを仮置きしてからトレーを手で回転させ、その後トレーにワークをセットし再度トレーの向きを戻して後工程に送っている。
①後工程の都合でトレーの返し方向に制約があり、ワークのセットのためだけにトレーの回転が必要
②トレーを回転させる際、持っているワークを仮置きするため、ムダな動きが発生する
③回転作業のため動作域が広く、さらにワークの仮置きもあることで歩行ロスが発生する

## 改善前

ムダな動作や歩行ロスが存在した。

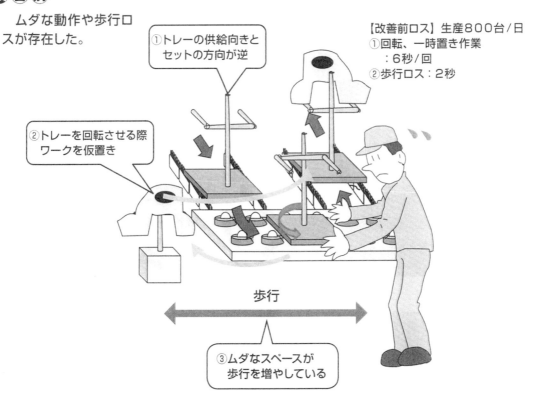

①トレーの供給向きとセットの方向が逆

②トレーを回転させる際ワークを仮置き

【改善前ロス】生産800台／日
①回転、一時置き作業
　：6秒／回
②歩行ロス：2秒

歩行

③ムダなスペースが歩行を増やしている

## 改善後

トレーを回転させるおじゃま棒付シューターを設置して回転・一時置き作業を廃止し、歩行ロスも低減した。

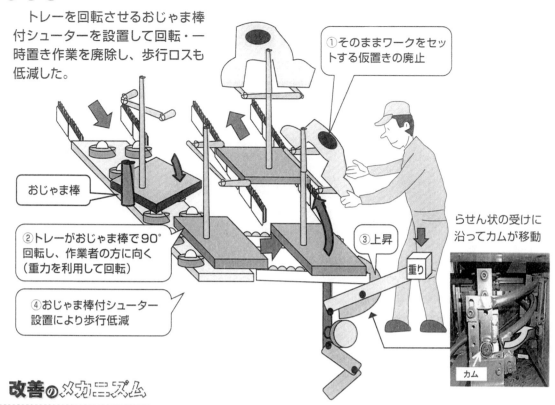

おじゃま棒

①そのままワークをセットする仮置きの廃止

②トレーがおじゃま棒で90°回転し、作業者の方に向く（重力を利用して回転）

④おじゃま棒付シューター設置により歩行低減

③上昇

重り

らせん状の受けに沿ってカムが移動

カム

## 改善のメカニズム

### ポイント

てこ・リンクの活用：レバーを下げる動きにリンクを使い、らせん状にガイドに沿って回転しながら上昇する

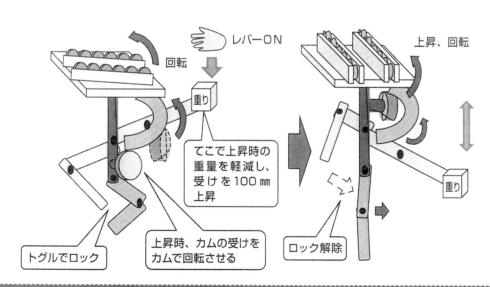

回転

レバーON

重り

上昇、回転

てこで上昇時の重量を軽減し、受けを100mm上昇

トグルでロック

上昇時、カムの受けをカムで回転させる

ロック解除

重り

## 苦労したこと

バラツキのあるトレイを触らずに回転させるためのカムや、おじゃま棒の微妙な調整と耐久性の対策が大変だった。

## 改善の効果

回転、一時置きの作業の排除（6秒）＋歩行ロスの低減（2秒）の合計で、
（6+2）×400台×2直＝6400秒/日の効果
年間効果時間は433時間となった。

# 28 段取りマンの作業を軽減

| **からくり** | **使った材料** |
|---|---|
| てこと引っ張りばねの組合せで実現。 | アルミ材（SUS製）、ワイヤー、ばね |
| **制作者** | **制作費用** |
| ㈱ミクニ　盛岡事業所<br>製造4グループ　田澤直樹、鈴木秀法 | 1万4500円 |

## 改善の概要&問題点

　段取りマンが部品箱を組立ラインの後ろ側から専用台に乗せていた。専用台は作業者が部品を取りやすいように、作業者側に傾いている状態の台であった。部品箱は重量が10kgあり、ラインの後ろ側から箱を傾けながら供給するため、やりにくい状態だった。

### 改善前

段取りマン側　作業者側

専用台はアングルで製作してあり、角度も固定されている。専用台に部品箱を乗せるために、箱を胸元近くまで上げる必要があり、腰に負担がかかる（箱の重さ10kg）。

専用台

## 改善後

アルミフレームを使い、部品箱を楽に傾ける折りたたみ式の台を製作した。折りたたみ式を採用することで、段取りマンの部品供給作業のやりにくさを解消した。

完成品

①部品箱を台に置き、ストッパー部に当たるまで箱をスライド
②傾斜を付けるために、台の取手部分を手前に伸ばす（てこの原理でパワーアップ）
③台を作業者側へ持ち上げてセット完了（傾斜が適切な位置までくるとオートロックがかかる）

## 改善のメカニズム

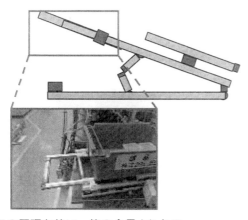

てこの原理を使い、箱の全長より台の全長を長くすることで、重筋作業の軽減をした

屈折機構の部分にワイヤーと引っ張りばねを使い、ばねの力を利用し持ち上げたときにロックがかかるように工夫（取っ手部分にロック解除機能あり）

## 苦労したこと

オートロックが上手くかかるように、傾斜の角度とばねの選定に苦労した。

## 改善の効果

箱の重さ10kgと同等の力が必要だったが、てこの原理により。2/3の6kgで持ち上げられるようになった。

# 29 材料箱入れ替え時の作業ロス削減

作品名：リターンをねらえ

## からくり

昇降リンク機構とレバーバランサーを利用した。

## 使った材料

アルミパイプ、バランサー、コロコン、
ウレタンクッション

## 制作者

パナソニック㈱　アプライアンス社
キッチンアプライアンス事業部加東工場　山口真護

## 制作費用

3万1000円

## 改善の概要&問題点

基板組立工程で部品箱の入れ替え作業を行っており、以下のような問題があった。
○手作業で部品箱・空箱の入れ替えや振り返り作業を行い、作業者に負担がかかっている
○空箱をかさ上げ台として使用しているため不安全である
○必要以上に部品を置いているため、5S・3定管理ができていない

## 改善前

部品箱の入れ替え作業に課題があった。

入れ替えロス
供給部品
空箱

振返り取り

着眼点

シューターをオリジナルで製作することになった
■今までのシューターは大きく、場所をとり、よく引っかかる
■作業エリアは狭くて限られている
■省スペースで簡略化し、箱の入れ替え作業を1人で楽々できる、そんなシューターがつくれないだろうか？

## 改善後

　1200mm幅スペースで安全・簡単にリターンができるシューターを製作した。

Mサイズ通い箱を上段へセットし、空箱を下段へ簡単にリターンさせる

(1200mm)

## 改善のメカニズム

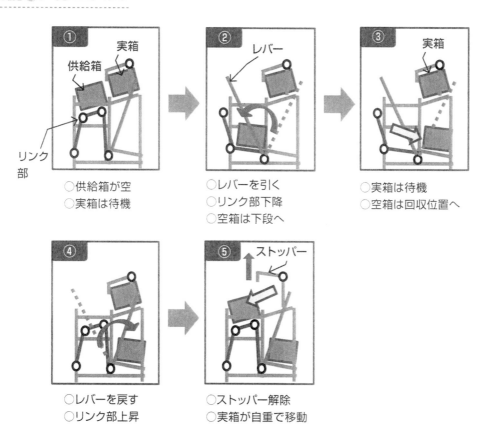

① 供給箱 実箱 リンク部
○供給箱が空
○実箱は待機

② レバー
○レバーを引く
○リンク部下降
○空箱は下段へ

③ 実箱
○実箱は待機
○空箱は回収位置へ

④
○レバーを戻す
○リンク部上昇

⑤ ストッパー
○ストッパー解除
○実箱が自重で移動

## 苦労したこと

動力源を使用せず、省スペースで箱への衝撃に注意し、引っかかりがなくスムーズにリターンさせること。

## 改善の効果

・ムリ・ムダな箱の入れ替え作業の廃止
・省スペースで使用でき、レイアウト変更も容易
・シンプル構造でトラブルなし（維持管理が容易）

# 30 空箱を2段に積んで返却する作業を軽減

作品名：かえし太郎

## からくり
てこ、傾斜、滑車、スプリングを用いて空箱をシュートする。

## 使った材料
滑車、糸、重り

## 制作者
㈱ジェイテクト　奈良工場
製造部　中川政人

## 制作費用
8万円

## 改善の概要&問題点
　空箱を上段へ2段に積んで返却するというムダな手作業があった。部品箱が2段積みで送られてくるため、部品を1段目から取り出すときと2段目から取り出すときでは、作業時間にバラツキがあった。

## 改善前
空箱の返却作業にムダがあった。

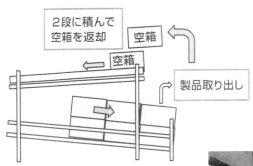

2段に積んで空箱を返却
空箱
空箱
製品取り出し

○空箱は上段の返却シュートに2段に積んで返却していた

○部品箱が2段に積まれており部品を取り出すときの高さが違い、作業時間にバラツキがあった

## 改善後

からくりシュートを製作して
作業性を向上した。

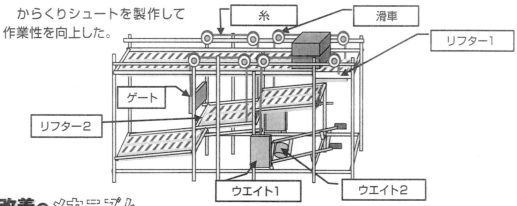

糸　　滑車　　リフター1

ゲート

リフター2

ウエイト1　　ウエイト2

## 改善のメカニズム

ワーク引き込み

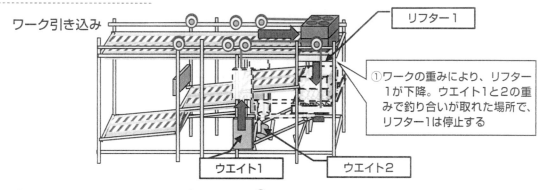

リフター1

①ワークの重みにより、リフター
　1が下降。ウエイト1と2の重
　みで釣り合いが取れた場所で、
　リフター1は停止する

ウエイト1　　ウエイト2

空箱払い出し1

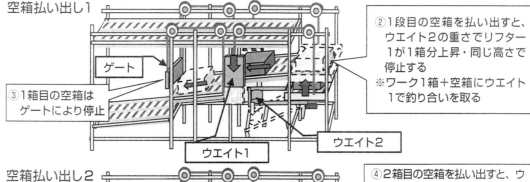

②1段目の空箱を払い出すと、
　ウエイト2の重さでリフター
　1が1箱分上昇・同じ高さで
　停止する
　※ワーク1箱＋空箱にウエイト
　　1で釣り合いを取る

ゲート

③1箱目の空箱は
　ゲートにより停止

ウエイト1　　ウエイト2

空箱払い出し2

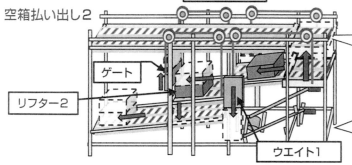

④2箱目の空箱を払い出すと、ウ
　エイト1の重さでリフター1が
　元の位置まで上昇する

ゲート

リフター2

⑤空箱が2段に積み重なり、リフ
　ター2が下降・ゲートは上昇・
　空箱が排出される
　※ゲートが空箱2箱で上がるよ
　　うに釣り合いを取る

ウエイト1

## 苦労したこと

部品取り出し高さを同じにするためと空箱を
2段に積んで返すために、それぞれのウエイ
トで釣り合いをとるのに苦労した。

## 改善の効果

空箱を持ち上げたり、2段に積み上げたりする
作業をなくした。部品箱の取り出し高さが同じ
になって、作業性が向上した。

生産性向上・作業改善（作業改善）

# 31 空箱の返却工数を削減

| **からくり** | **使った材料** |
|---|---|
| カム、てこ、傾斜を利用して簡単操作で空箱を払い出す。 | 滑車、糸、ばね（バランサー） |
| **制作者** | **制作費用** |
| ㈱ジェイテクト　岡崎工場<br>製造部　平野健一 | 10万円 |

## 改善の概要&問題点

　空箱の返却に工数がかかっており、生産性を阻害していた。これまで空箱の払い出しシュートは下段にあるため、箱が空になるたびに身を屈ませて空箱を払い出していた。空箱を扱う際に、誤って空箱を落下させることもあり、安全面で問題になっていた。

## 改善前

空箱の返却に工数がかかっており、作業時間にバラツキがある。

空箱返却用の払い出しシュートがコロコンの最下段にあり、空箱を払出す際に体を屈ませなければならない（窮屈な姿勢で作業を行っている）

## 改善後

　レバーを引くだけで空箱を払い出すシュートを製作した。空箱が払い出されると、可動ローラーコンベアが勝手に元の状態に戻り、次の箱が流れてくる。

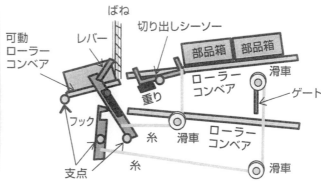

# 改善のメカニズム

①レバーを引くと可動ローラーコンベアが傾き、フックで固定される。空箱が払い出されるのと同時に切り出しシーソーが動き、次の箱が流れてくる

②払い出された空箱がゲートを押すと、ゲートについている滑車が糸を巻き取る。その糸に引かれてフックが外れる

　ばねの力で可動ローラーコンベアとレバーが元の位置に戻る。切り出しシーソーも元の位置に戻り、次の箱が1箱だけ流れてくる

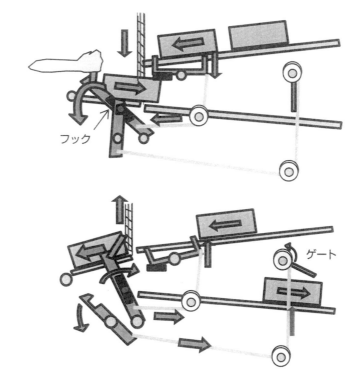

## 苦労したこと

装置の耐久性を上げることに苦労した。

## 改善の効果

・空箱返却作業時間の短縮
・空箱の落下防止

# 32 内輪差を解消する台車

作品名：小廻り鶴ちゃん

## からくり

連結金具の調整により内輪差を解消できる。

## 使った材料

市販の台車連結金具

## 制作者

㈱デンソー　安城製作所
エレフィ機器製造部　鶴田 弘

## 制作費用

0 円（からくり材料費）

## 改善の概要&問題点

ハイブリット車用PCU部品を日当たり1万箱以上運搬している。大物部品を運搬→台車が大きい中、連結数を増やしても狭い通路幅でも曲がれる台車を開発し、運搬効率を向上させた。

## 改善前

大物部品を運搬する際の台車が大きいことで、連結数を増やすと曲がれないことがあった。

牽引回転位置＝先行車側：内輪差発生

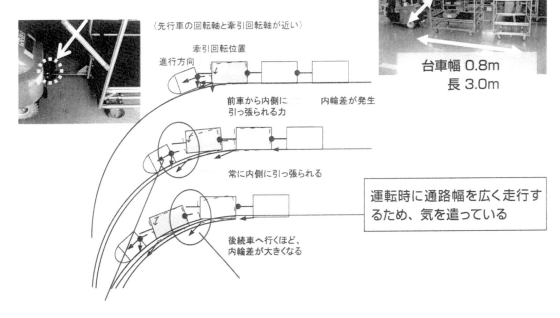

（先行車の回転軸と牽引回転軸が近い）

牽引回転位置
進行方向

前車から内側に
引っ張られる力

内輪差が発生

常に内側に引っ張られる

後続車へ行くほど、
内輪差が大きくなる

台車幅 0.8m
長 3.0m

運転時に通路幅を広く走行するため、気を遣っている

## 改善後

内輪差を極力減らした台車の連結金具を開発した。

牽引回転位置＝後続車側：内輪差微小

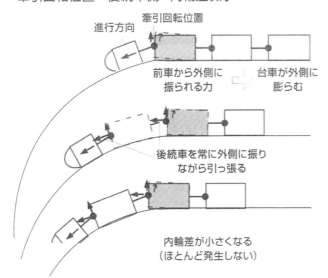

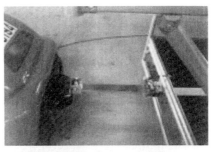

（先行車の回転軸と牽引回転軸が離れている）

運転手の軌道を台車が通るので、内輪差を考えた、気遣いレスの運転ができた

## 改善のメカニズム

台車のホイールベースと連結金具の長さの関係で、内輪差と外輪差の釣り合うポイントを、シミュレーションと実走行で突き止めた。

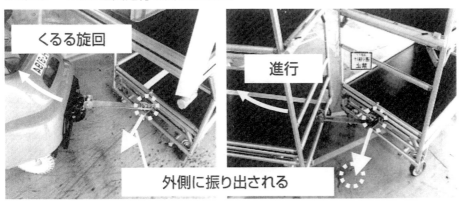

〈牽引車の最大切れ角を45°〉
ホイールベース /2.4/ 連結バーの長さ
＝cos45°

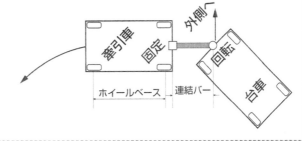

## 苦労したこと

メンテナンスフリーで低コストにこだわり、市販の牽引金具長さの調整のみで実現した。

## 改善の効果

台車連結数を増やして作業負荷を低減した。
配置人員：6名/日 → 4名/日
（△2人/日）

# 33 画期的な機構で台車横滑り・連結部の衝撃を低減

作品名：あばれない君

## からくり

台車運搬時の慣性とばねの力を利用した。

## 使った材料

アルミフレーム、ばね

## 制作者

㈱デンソー北海道
製造部　梨澤淳一、野呂征宏

## 制作費用

5万円

## 改善の概要&問題点

　床面が完全な平面ではなく、台車車輪の接触面積が小さいためカーブで横滑りしてしまう。また、複数連結台車運搬時は、連結部の「遊び」寸法から、発進時や停止時に連結部での衝撃が発生する。そこで、上記2点の問題点を解決するからくりの開発を目指した。

## 改善前

連結台車での運搬作業に以下の問題があった。

①中央連結タイヤがグリップ不足により、台車横滑り（ドリフト）する

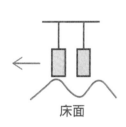

床面

②停止時には台車が惰性で、「くの字」に動く。再発進時は台車が暴れる

## 改善後

不具合を改善した連続台車を製作した。

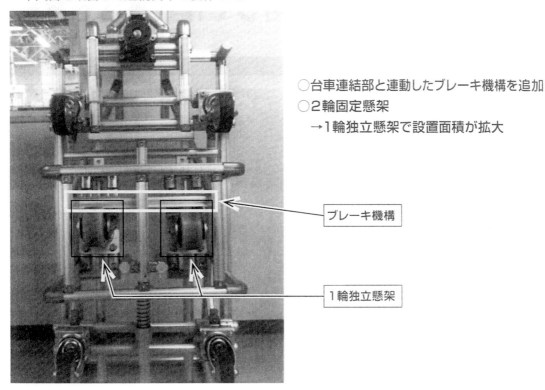

○台車連結部と連動したブレーキ機構を追加
○2輪固定懸架
　→1輪独立懸架で設置面積が拡大

ブレーキ機構

1輪独立懸架

## 改善のメカニズム

①中央部連結タイヤを2個独立型に変形

左右両方のタイヤが必ず床面に接触する仕組み

②ブレーキ（ストッパー）の装着

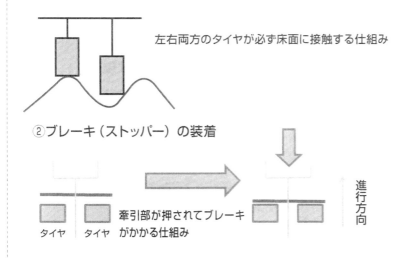

タイヤ　タイヤ　牽引部が押されてブレーキがかかる仕組み

進行方向

| 苦労したこと | 改善の効果 |
|---|---|
| 台車が暴れるメカニズムの解析に手を焼いた。 | スムーズな動作により、運搬時の安全性・安定性が向上する。 |

# 34 製品重量を活用して作業高さを昇降

作品名：無重力台車

## からくり
製品重量とガスショックでバランスを取り、昇降動作を行う。

## 使った材料
アルミフレーム、コロコン、ガスショック

## 制作者
㈱デンソー北海道
製造部　長谷部輝、村上勇樹

## 制作費用
10万円

## 改善の概要＆問題点
　次工程との作業高さが違うため、設備投入時は手持ちとなる。このとき製品重量が重いため、作業者の負荷がきつい。そこで作業高さに合わせて昇降するからくりを制作し、作業負荷の軽減を狙う。

---

## 改善前
　運搬・積載作業において、短い工程の間に「台車へ載せる」「台車から載せ替える」という2回のムダな運搬作業があった。

前工程から払い出した製品を運搬台車に投入　　運搬台車から製品を取り出して後工程へ投入

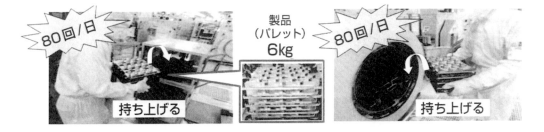

80回/日　　製品（パレット）6kg　　80回/日

持ち上げる　　持ち上げる

〈問題点〉　○パレットが重くて腕が疲れる
　　　　　　○各投入口の高さが違って入れづらい ｝ 落下の危険度 "大"

## 改善後

楽に積載作業を行う台車を開発した。

台車に載せる
→作業机から滑らせて台車に載せる
　ことで、持ち上げをなくす

スライド投入

自重で下降　　自動で上昇

台車から次工程に投入
→台車高さが次工程設備投入高さに
　下降し、押し込むことで投入完了。
　これにより、持ち上げ動作をなくす

## 改善のメカニズム

　製品重量で下降、自動ロック、コロコンで次工程に流し込み、投入完了後ロックを解除すると、ガスショックの力で上昇。持ち上げレスで作業者負荷を大幅に低減する。

〈無重力台車　側面図〉

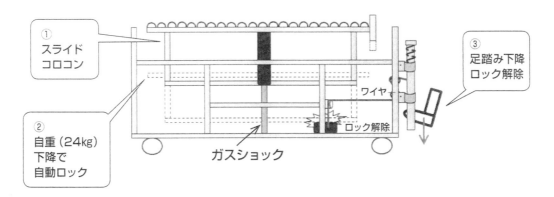

① スライドコロコン

② 自重（24kg）下降で自動ロック

ガスショック

ワイヤ

ロック解除

③ 足踏み下降ロック解除

## 苦労したこと

重量バランスの取り方、およびロックとアンロックの機構を工夫した。

## 改善の効果

持ち上げレスで作業者の身体負荷を大幅に低減した。

# 35 「全自動格納でタッチレス!」の 楽々台車

作品名:安心してください、台車ですよ

## からくり
てこ・ばね・滑車などのからくりの基礎構造を活用した。

## 使った材料
アルミフレーム、コロコン、ばね、紐、滑車

## 制作者
㈱デンソー北海道
製造部　寺口裕介、野村俊太郎

## 制作費用
10万円

## 改善の概要&問題点
　製品を出荷前ロケーションへ運搬する際に、完成品ロケーションからの載せ替え・出荷前ロケーションへの載せ替えというムダな動作が発生している。このムダをからくりで改善する。

## 改善前
従来の作業の流れには以下のようなムダが発生していた。

完成品ロケ→台車へ載せ替え
台車で出荷前ロケへ移動
台車→出荷前ロケへ載せ替え

1箱約4kgの箱を
1日300箱以上の移し替え動作が発生
作業負荷が非常に高い

# 改善後

移し替え作業を楽にする車を開発した。

員数確認作業台

○作業者が員数確認後Aに箱を置く
○段積み用ストッパー①で、その場で段積み
○必要数積んだら①を解除し、傾斜で取っ手側Bに流れる
○以下繰り返し作業で3列満載になったら格納コロコンの場所へ移動
○Bの側面④のポカヨケと格納コロコンを接触させる
○⑤のレバーで格納コロコンへ格納
○⑤のレバーを戻すと切り出し機構と傾斜により次の山がBへ
○以下3列分繰り返しで作業完了

格納コロコン

取っ手

台車

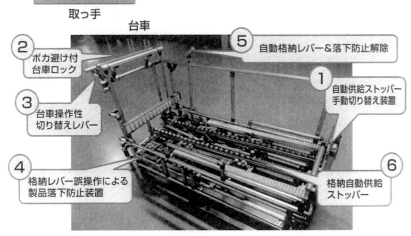

2 ポカ避け付台車ロック

5 自動格納レバー＆落下防止解除

1 自動供給ストッパー手動切り替え装置

3 台車操作性切り替えレバー

4 格納レバー誤操作による製品落下防止装置

6 格納自動供給ストッパー

これらの機能で作業負荷大幅軽減と作業性改善!!

# 改善のメカニズム

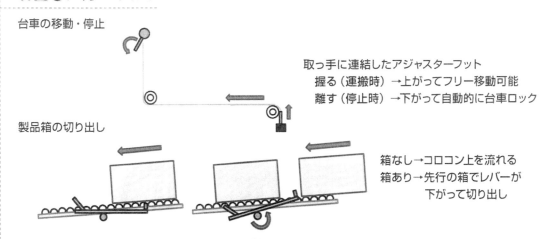

台車の移動・停止

取っ手に連結したアジャスターフット
　握る（運搬時）→上がってフリー移動可能
　離す（停止時）→下がって自動的に台車ロック

製品箱の切り出し

箱なし→コロコン上を流れる
箱あり→先行の箱でレバーが
　　　　下がって切り出し

## 苦労したこと

タッチレスで作業できる機構を通路幅制約がある中で、その寸法の中に集約させた。

## 改善の効果

タッチレスで作業者の身体負荷を大幅に低減できた。

# 36 | 自動車製造ラインに同期する 作業台車

作品名：どーきんず

## からくり

同期はライン動力を活用し、戻り機能はゼンマイを利用した。

## 使った材料

アルミパイプ、プーリー、テグスワイヤー、コロ、ばね

## 制作者

本田技研工業㈱
寄居完成車組立モジュール　前西原卓也

## 制作費用

15万円

## 改善の概要 & 問題点

　自動車製造の際、製造ラインの横に設置してある固定式の作業台から部品・ツールを取り出し、車体への部品の組付作業を行う。組み付ける部品点数は1人当たり2〜3個ではあるが、ライン作業の特性上、流動している車体に対して、作業者は固定式作業台まで戻るという歩行のロスが生じている。

## 改善前

　自動車製造ラインにおいて、小物部品・ツールを積載した固定式作業台（上台）から車両へアクセスするため、往復歩行ロスが発生する。

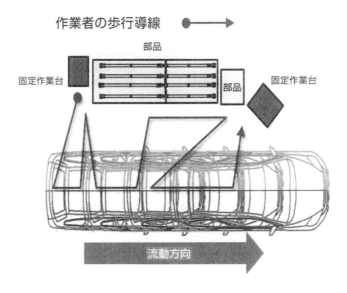

作業者の歩行導線　●———▶

部品

固定作業台

部品

固定作業台

流動方向

導線歩行距離　18.1m

## 改善後

　小物部品・ツールを積載した作業台上台が、作業者や車両と同期流動することで部品・ツールの手元化が図れ、歩行距離が短くなる。

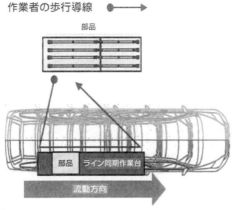

作業者の歩行導線　→
部品

## 導線歩行距離　8.4m
## （改善前比9.7m削減）

部品　ライン同期作業台
流動方向

## 改善のメカニズム

### 作業台の戻り機構

作業台が車両搬送キャリアと同期し作業完了後にバランサーの力で原位置へ回帰する

### 動滑車の原理を活用

既製品バランサーの3mのストローク量の延長には、動滑車の原理を利用してストローク量を3mから6mまで延長した

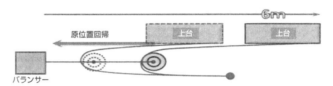

6m

原位置回帰　上台　上台
バランサー

### 同期の自動解除

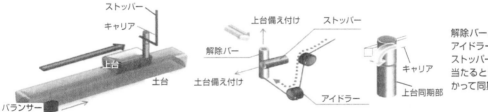

ストッパー
キャリア
上台
土台
バランサー

上台備え付け　ストッパー
解除バー
土台備え付け
アイドラー
キャリア
上台同期部

解除バーと同期部をアイドラーと紐で介し、ストッパーが解除バーに当たるとテンションがかかって同期部が倒れる

### 同期の自動開始機構

自動回帰後にキャリアと同期

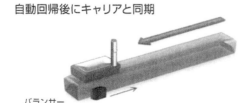

バランサー

原位置回帰後、バーが上昇することで同期部を押し上げ、原位置へ戻ることで再同期の開始となる

上昇バー
坂道

バランサーの引力で上台が原位置へ戻る際、コロが坂道を上りバーを押し上げる

## 苦労したこと

同期解除のメカニズム案の検討に苦労した。制作初期では違う案で推進したものの、失敗が多く、最終的には現在の案となった。

## 改善の効果

1工程当たり8〜9mの歩行ロスを削減した（5〜6秒）。

# 37 AGV走行の動力を利用した インパネ移載作業の自働化

作品名：無動力インパネ移載機

## からくり

他の動力、ウエイト、滑車などを利用して、AGVへ自動的に移載。

## 使った材料

鋼材、紐、ワイヤー

## 制作者

トヨタ自動車九州㈱
TPS 推進室からくり改善係メンバー

## 制作費用

25万円

## 改善の概要 & 問題点

インパネの自動移載機導入によるムダ（作業手待ち）の排除を目的とした。前工程から後工程へインパネの供給を1台のAGVでピストン搬送を行っているが、後工程からのAGVの戻りが遅れると、前工程作業で手待ちが発生していた。

## 改善前

AGVの戻りが遅れることで、手待ちが発生していた。

〈工程の概要〉

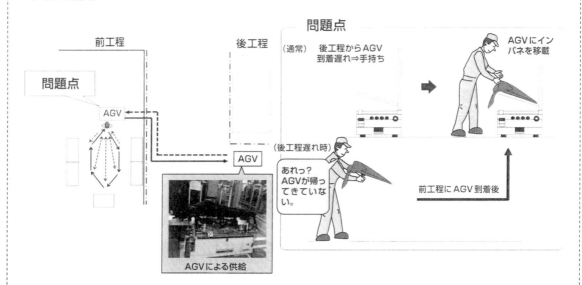

問題点

前工程　後工程

問題点

（通常）　後工程からAGV到着遅れ⇒手持ち

AGVにインパネを移載

AGVによる供給

（後工程遅れ時）あれっ？AGVが帰ってきていない。

前工程にAGV到着後

## 改善後

インパネ移載機の製作により、手待ちの低減を図った。

〈工程の概要〉

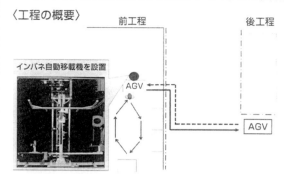

〈インパネ移載の製作〉
インパネ移載機に
インパネを仮置きする

AGV が到着すると
仮置きしたインパネを勝手
に移載してくれる

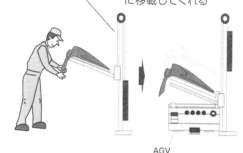

AGV

## 改善のメカニズム

### 移載機の動作サイクル

| 移載機のリフター上に インパネを仮置き | → | AGVが移載機新入時バーを押す力を利用しサブウエイトを持ち上げる | → | インパネ重量とメインウエイトとの重量差でリフター下降 | → | AGVが移載機内より退出時移載完了のストライカーONで原位置復帰 |

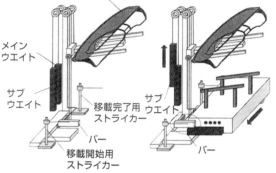

インパネ

メイン
ウエイト

サブ
ウエイト

移載完了用
ストライカー

バー

移載開始用
ストライカー

サブ
ウエイト

バー

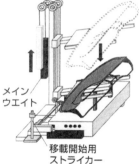

メイン
ウエイト

移載開始用
ストライカー

移載完了用
ストライカー

● 2つのウエイトを使って
　可動する移載機

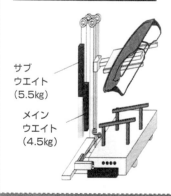

サブ
ウエイト
（5.5kg）

メイン
ウエイト
（4.5kg）

①メインウエイトの
　役割

○インパネの重
　量とメインウエ
　イトとの重量
　バランスを取り
　下降

②サブウエイトの役割

○移載機を原位
　置へ戻すための
　補助的なエネル
　ギー

○インパネの移載
　が完了するとメイ
　ン・サブウエイ
　トのエネルギー
　により移載機は
　原位置へ戻る

そのほか、遠心力を使っ
たブレーキユニットを考案
し、移載機のバーがゆっく
り下降するようにした。さら
に、慣性力を利用して、
インパネ移載時のバランス
が崩れるのを防止した

## 苦労したこと

2つのウエイトを使って重量バランスを切り替
える点を工夫したほか、「慣性」を利用した移
載機を考案したこと。

## 改善の効果

・手待ち時間の低減

# 38 既存のコンベア動力を利用して 歩行ロスを低減

作品名：くるポックル

## からくり
コンベアモーターの動力を、異径プーリーを利用して速度やトルクの変更を可能にした。

## 使った材料
アルミフレーム、プーリー、ゴムバンド

## 制作者
㈱デンソー北海道
製造部　板坂信也、最上まいか

## 制作費用
10万円

## 改善の概要&問題点
　約10mの距離がある設備を1人でオペレーションしているが、製品の出し入れが各設備端にあり、歩行ロスが発生していた。その歩行ロスを改善するため、出し入れの場所を1カ所に集約するからくりを考案した。

## 改善前
■従来作業の流れ
　①投入台からワークを載せた搬送パレットを投入
　②取り出し台から加工されたワークを取り出す
【課題点】
　投入台と取り出し台の位置が離れており、歩行ロスが発生

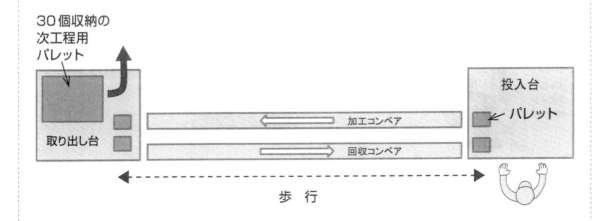

30個収納の
次工程用
パレット

取り出し台

加工コンベア

回収コンベア

投入台

パレット

歩　行

## 改善後

■空のパレットを自動で返送
　①取り出し台の代わりにリターン装置「くるポックル」を設置
　②搬送パレットがくるポックルに入り、反転してコンベアへ乗り、リターンする
　③投入台で取り出し作業もできるようになった

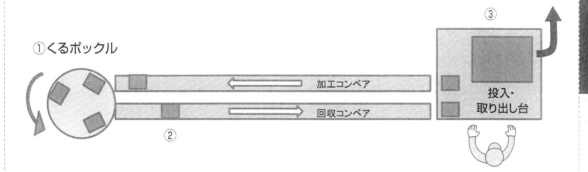

①くるポックル

加工コンベア

回収コンベア

②

③

投入・
取り出し台

# 改善のメカニズム

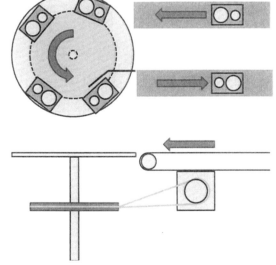

投入側のコンベアからターンテーブル形状の
「くるポックル」に製品が乗ると、
反転しながら回収側のコンベアへ流れる

搬送コンベアのモーターから
ルトを介して「くるポックル」に伝達する

## 苦労したこと

きちんと反転させて回収コンベアへ流す位置
合わせ、およびコンベアスピードと「くるポッ
クル」の回転スピードの同期などに手間取った。

## 改善の効果

・歩行ロス解消による工数低減

# 39 製品の自重で回転するコンベア

作品名：重力回転キャタピラーコンベア

## からくり

部品をコンベアから取り出すと、自重でコンベアが回転して次の部品が手元に運ばれる。

## 使った材料

スポンジ、PVCパイプ（∅4"）・ビニールシート・アクリル板

## 制作者

Toyoda Gosei (Thailand) Co.,Ltd
SS製造部組付工程　ナンタナー

## 制作費用

4200円

## 改善の概要&問題点

部品供給の際に1個流しになっていない。
トレーに返すことはロスである（非毎回作業ロス）。
部品収容数が異なるため、一時的に余剰となる。

---

## 改善前

2つの部品をそれぞれトレーに入れて組付作業をしていた。

部品Aを定量トレーに入れて供給

部品Bをコロコンで供給

# 改善後

自重で回転するコンベアで、2つの部品を同時に流すようにした。

部品Bを取ると、コンベアは自重で1ピッチ進む

○組み付けるAとBの部品がセットで供給でき、欠品の防止ができる
○部品のみの運搬が実現でき、トレーの返却が不要
横展開も簡単に行えた（いろいろな製品に活用できる）

## 改善のメカニズム

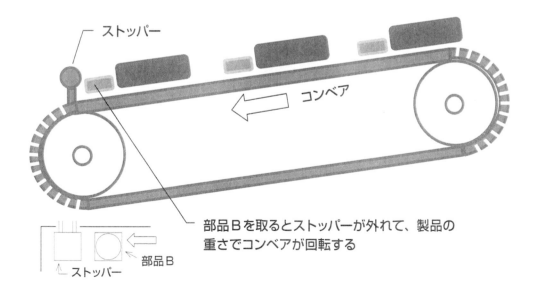

ストッパー

コンベア

部品Bを取るとストッパーが外れて、製品の重さでコンベアが回転する

ストッパー

部品B

## 苦労したこと

スムーズに流すためにスポンジを切ってピッチを調整したことと、自重で回転できるコンベアの角度調整を工夫した。

## 改善の効果

・トレーの返却の排除（非毎回作業の廃止）
・部品供給（インフレターなど）を1カ所にしたことによる歩行時間の削減

# 40 重りとカムを使った部品の定点取りと自動箱替え

作品名：のぼっておいで楽点くん

## からくり
自重と重りによる上下動と、カムを使った下降制御。

## 使った材料
イレクター、ワイヤ、カムフォロワー、重り、蝶番

## 制作者
アンデン㈱
生産管理部岡崎生産調査課　大浦三郎

## 制作費用
16万円

## 改善の概要&問題点
　箱から部品を取り出す際、手の動作範囲が大きく、また部品が空になる都度箱替えが発生するため、毎サイクルの作業がばらついていた。そこで、部品箱からの部品取り出し動作範囲が大きくならないように、箱からの取り出し位置を3段階にし、また箱替えをからくり化することで手扱い作業を削減した。

---

## 改善前

### 1. 部品取り出し作業

収容数12（2×6）の
部品を取り出す際
最上段〜最下段まで
400mm幅の動作範囲

肩がこるな〜

取り出し位置にバラツキがある

### 2. 箱替え作業

空箱

空箱返却

部品箱
引き取り

【手扱い作業】
空箱を下段へ
返却し、部品箱を
上段から引き取る

【着眼点】
1. 同じ位置で部品を取ることでバラツキをなくせないか？
2. からくりを使って箱替えのムダな手扱いをなくせないか？

## 改善後

動作概要図

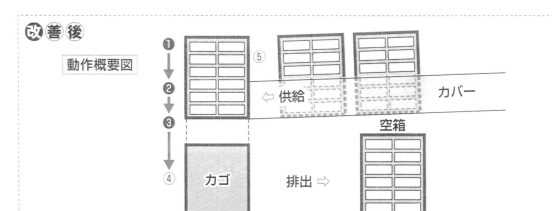

① ⑤
② ⇐ 供給　　カバー
③ 空箱
④ カゴ　　排出 ⇒

## 1. 部品取り出し

＜定点取り＞

① ② ③ ④

楽になった（笑）

下の部品を4個取ったらフットスイッチを押し、自重で1ピッチ箱が下降し、残りの部品を取る仕組み

⇩

同じ位置から定点取り

## 2. 箱替え

④

空箱が自重で降下

⇩

空箱の自動排出

⑤

重りによりカゴが上昇

⇩

部品箱の自動供給

## 改善のメカニズム

＜下降動作機構＞

(2)支点を中心にカムが傾く

(3)カムフォロワーが1ピッチ自重落下

カムフォロワー

支点

カム

ばね

(1)フットスイッチでカムを引く

ワイヤー（フットスイッチ）

(4)ばねでカムが戻る

＜部品重さ違いへの対応（カゴ背面）＞

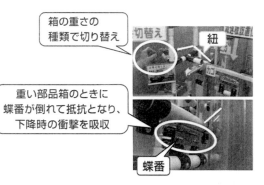

箱の重さの種類で切り替え

紐

重い部品箱のときに蝶番が倒れて抵抗となり、下降時の衝撃を吸収

蝶番

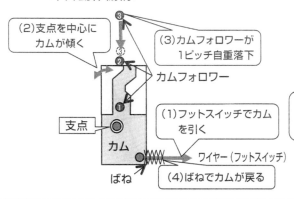

## 苦労したこと

部品箱の重さが2種類あり、カゴ下降時の衝撃調整（蝶番で対応）に苦労した。

## 改善の効果

・部品取り出し工数の低減
・箱替え工数の低減

# 41 | ラック&ピニオンと重りを利用した箱交換

## からくり

ラック&ピニオンでパンタグラフ式リフターが昇降する。動力には重りを採用した。

## 使った材料

重り、ワイヤー、滑車、アングル、平鋼
ラック&ピニオン

## 制作者

㈱三五
北海道製造課　北野 明

## 制作費用

3万5000円

## 改善の概要 & 問題点

　完成品ポリ（ポリエチレン収容箱）が規定数になったら排出し、上段シュートから空ポリを取り出して作業台に置く作業を300回/日繰り返し行っていた。そこで、「排出→取る→置く」という作業を楽にできないかと考え、改善を実施した。その結果、短い動力の動きで2倍の動作距離を確立した。

## 改善前

　部品を組み付けたら、品質確認を実施して収容器に詰め込む作業を行っていた。

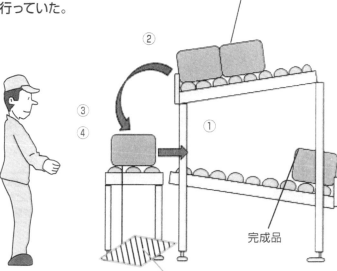

空ポリ

② ③ ④ ①

完成品

作業台

完成品を払い出す
作業手順

①完成品を排出
②空ポリを取る
③作業台に置く
④完成品を詰める（8回繰り返す）

設置面積
（使えるスペース）
400mm×500mm

## 改善後

空ポリを受け取るリフターを製作した。

作業手順

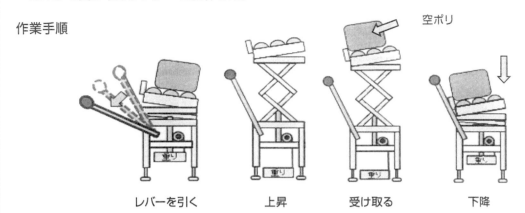

レバーを引く　　　上昇　　　受け取る　　　下降

収容器に完成品を8個入れたら手前のレバーを引くだけで、
リフターが傾き→完成品を排出→リフター上昇→空ポリを受け取る→リフター下降
の5つの動作を自動にした

## 改善のメカニズム

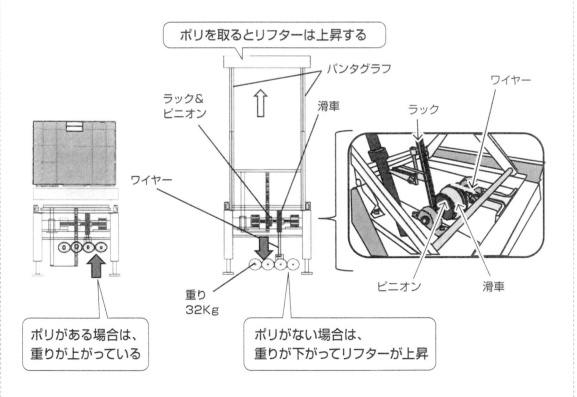

ポリを取るとリフターは上昇する

パンタグラフ

ワイヤー

ラック&
ピニオン

ラック

滑車

ワイヤー

ピニオン

滑車

重り
32Kg

ポリがある場合は、
重りが上がっている

ポリがない場合は、
重りが下がってリフターが上昇

### 苦労したこと

設置場所が狭いという条件下での（幅
400mm×奥行500mm）改善が前提にあり、
リフターのストロークをどのように確保するか
が最大の課題であった。

### 改善の効果

300回/日繰り返すため、ポリ入れ替え作業時
間（3秒/回）のムダを低減した。
・3秒/回×300回/×20日/3600＝5時間/
月低減

生産性向上・作業改善（搬送）

# 42 重り、滑車、てこを活用した動力なし重量物運搬アシスト

作品名：ハウジングセンター

## からくり

定滑車・動滑車・てこの原理を利用し、小さな力で重量物を持ち上げる。

## 使った材料

アルミパイプ一式、滑車、テグスワイヤーなど

## 制作者

㈱デンソー
セラミック製造部　中村信幸

## 制作費用

10万円以下

## 改善の概要&問題点

　1箱12.5kgの部品箱を手で持ち、階段を昇って設備へ部品供給していることから、足腰に負担のかかる作業となっていた。そこで、重い部品箱を運搬や手持ちをすることなく、「楽」で「簡単」に高い位置まで上昇させ、そのまま設備へ部品供給できる改善を行った。

## 改善前

部品供給作業に難があった。

ホッパー

1400mm

600mm

階段

部品箱

部品箱
12.5kg／箱

作業手順

① 部品箱を持って階段を上がる
② ホッパーに部品を投入する
③ 空箱を持って階段を下りる
④ 空箱を返却する

問題点

・ホッパー高さ 1400mm
・部品箱を持って運搬（階段）
・20回／1直　部品投入

足腰の疲労蓄積 → 作業時間バラツキ発生

作業効率悪化および腰痛・ヘルニア誘発要因となる

重い・危険 → 足腰の負担増

# 改善後

　作業軽減のために、ハンドルを回すだけで部品箱をホッパー手前まで供給する装置を考案した。上昇途中でハンドルから手を離しても、アンチバック機構により下降しないよう安全にも配慮している。

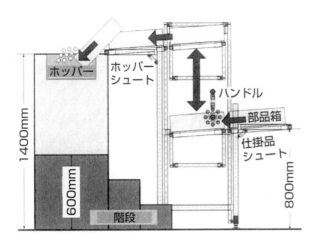

作業手順

① ハンドルを回して荷台を下降、
　部品箱を仕掛品シュートへ投入
② ハンドルを回し、荷台を上昇
　部品箱はホッパーシュートへ排出
③ 階段を上がる（空手）
④ ホッパーに部品を投入する
⑤ 空箱を持って階段を下りる
⑥ 空箱を返却する

# 改善のメカニズム

　以下の3つの仕組みを利用して、重い部品箱を楽にホッパーまで移動できるようになった。

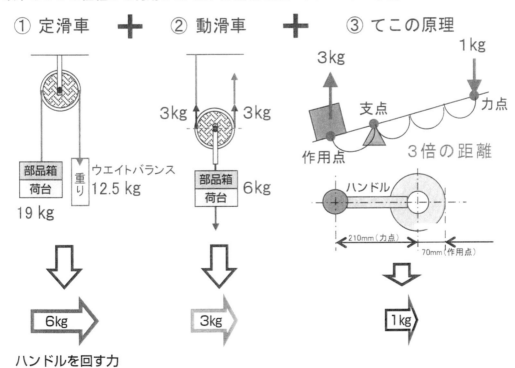

① 定滑車　＋　② 動滑車　＋　③ てこの原理

ハンドルを回す力

# 苦労したこと

少ない力（楽に軽く）で持ち上げるための最適な動滑車・定滑車の数と、取り付け位置を決めるのに苦労した。

# 改善の効果

・足腰負担作業の軽減
・危険（重量物）作業の廃止

# 43 習い板により空容器を 1箱ずつ切り出す

作品名：ポリ容器 ONLY-ONE

## からくり

滑車、重力、てこを使い、1箱ずつシュートする。

## 使った材料

滑車、鋼材、アルミフレーム、紐、アクリルプレート

## 制作者

ジヤトコ㈱　素形工場
鋳造課　鈴木淳史

## 制作費用

5万8000円

## 改善の概要 & 問題点

　空のポリ容器を5段重ねにすると、女性が従事した場合に取り位置が高くなり、容器を取ることができない。そのため、余儀なく平流し（1個ずつ流す）になっていた。平流しにすると空容器のコンベア投入が頻繁になり、外作業者の作業に支障が出た。

## 改善前

　スペースがないため空ポリ容器を5段重ねにして流している。そのため、取り位置が高くなり、後工程作業者が取るのに大変で、特に女性は取ることができない。

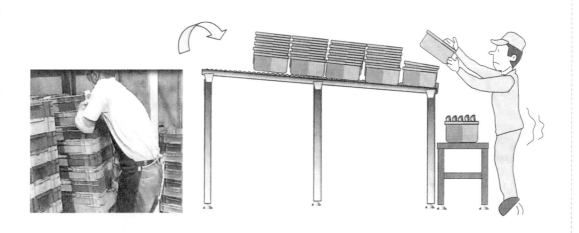

# 改善後

重ねた空ポリ容器を、下側より段を崩して払い出すようにした。

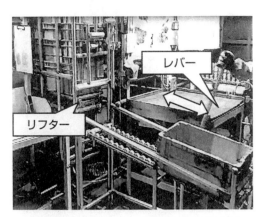

レバーを操作することで、1箱ずつ空ポリ容器が払い出される

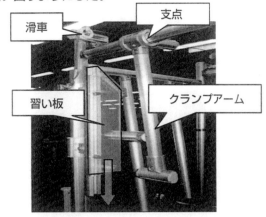

レバー操作により、習い板を上下させクランプアームの開閉（クランプ・アンクランプ）を行う

重ね置きした容器払い込みは、フッドペダルでストッパーを解除し、傾斜によって容器が手前に流れてくる

# 改善のメカニズム

左右非対称にセットした習い板の凹凸を利用し、レバーの引きと戻しによりクランプ・アンクランプを繰り返す。このとき、クランプするとリフターは下降する。リフターの動きと習い板の動きは滑車で連動している。

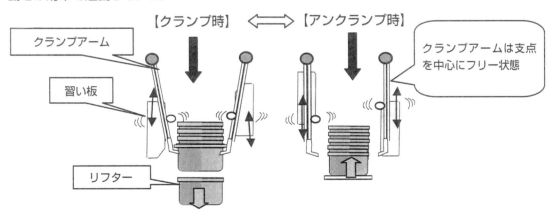

# 苦労したこと

レバーの動きを、クランプアームの動きに伝達変換させることが難しかった。

# 改善の効果

従来の荷姿でも、女性1人で容器の払い出しができるようになった。

# 44 運搬パレット１枚取りの容易化

作品名：パレッ取り君

## からくり
台車で押す力を利用し、リンクで4カ所の突起部を回転させ、重力で1枚のみ落下させる。

## 使った材料
パイプ、ジョイント、ベアリング、ばね、チェーン

## 制作者
㈱アイチコーポレーション
生産技術部生産調査課

## 制作費用
5万円

## 改善の概要 & 問題点
塗装工場で塗装完成品を組立ラインへ運搬する際、運搬台車に塗装保護パレットを載せてから、塗装完成品を載せて運搬していた。 塗装保護パレットは重量が約10kgと重く、「しゃがみ」作業は腰にも大きな負荷となり、100回／日・人は大きな課題となっていた。

## 改善前
塗装保護パレットを台車へ搭載するのは負荷の大きな作業だった。

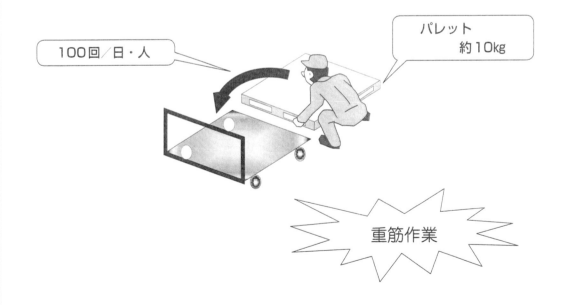

100回／日・人

パレット
約10kg

重筋作業

## 改善後

パレットを1枚取り出せる保持装置を考案した。

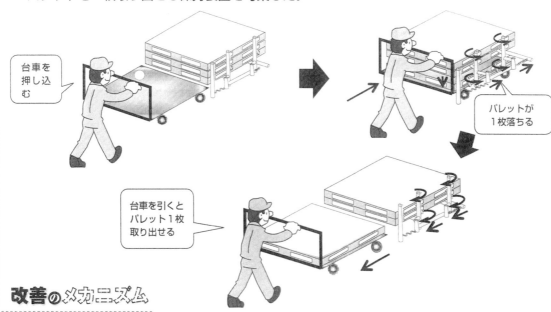

台車を
押し込
む

パレットが
1枚落ちる

台車を引くと
パレット1枚
取り出せる

## 改善のメカニズム

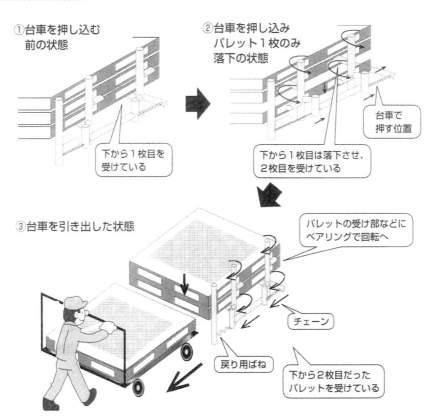

①台車を押し込む
前の状態

下から1枚目を
受けている

②台車を押し込み
パレット1枚のみ
落下の状態

台車で
押す位置

下から1枚目は落下させ、
2枚目を受けている

③台車を引き出した状態

パレットの受け部などに
ベアリングで回転へ

チェーン

戻り用ばね

下から2枚目だった
パレットを受けている

---

### 苦労したこと

最適な戻り側のばね（戻る力）の選択、受け
部とリンク部の取り付け角度調整がキーポイ
ントとなった。

### 改善の効果

・不安全作業の廃止

# 45 棚から部品が整列して 台車に移動する

## ㋕㋵㋹㋷
台車をセットすると、出店のストッパーが作動する仕組みとした

## ㋦㋣㋕材料
鉄、ステンレス

## ㋞㋖者
台裕橡膠工業股份有限公司
技術部生技2課　呉 銘哲、林 秋興

## ㋞㋖費用
1万5000円

## ㋕善の概要&問題点
集荷時は手動でピン（ストッパー）を動かす（集荷作業20"/回）。
台車に手動でロールをセットしないと、作業を始めることができない。
台車の重量は142.5kg／台、長時間作業で疲労が蓄積する。
現在の作業のタッチ数は10回に上る。

## ㋕善前
台車へのワークの積み替えが面倒で、負荷の大きい作業だった。

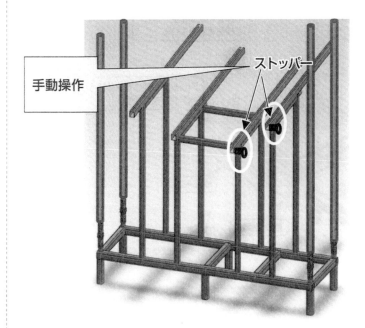

手動操作　　　　　　　　ストッパー

① 台車の位置を合わせる
② 連結する
③ 内側のストッパーを解除し、
　 ワークを載せ替える
④ 外側のストッパーを解除し、
　 ワークを載せ替える
⑤ 台車の連結を外す

## 改善後

台車とワークの棚を連動させるようにした。

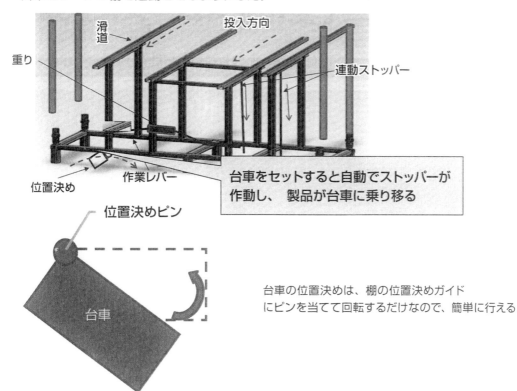

滑道
投入方向
重り
連動ストッパー
位置決め
作業レバー

台車をセットすると自動でストッパーが作動し、製品が台車に乗り移る

位置決めピン

台車

台車の位置決めは、棚の位置決めガイドにピンを当てて回転するだけなので、簡単に行える

## 改善のメカニズム

台車で棚の作動レバーを押すと、支点の前は下がり、後ろが上がる。台車が移動していなくなると、重りで元の位置に戻る。

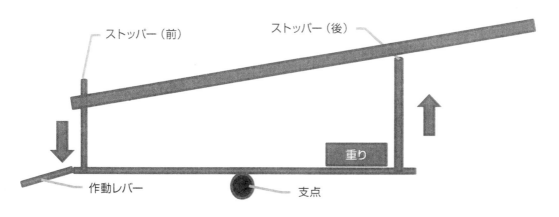

ストッパー（前）
ストッパー（後）
重り
作動レバー
支点

## 苦労したこと

台車の位置決め精度（再現性）の確保が難しかった。横展開のため現存する全製品台車について調整した。

## 改善の効果

・集荷時間低減：改善前20"/回 ＼改善後8"/回
・作業員の疲労度低減

# 46 仮想支点で空箱をスムーズに返却

作品名：空箱返却からくりシュート 支点 NO

## からくり

仮想支点による昇降をスムーズにした。

## 使った材料

鋼板、アルミフレーム

## 制作者

ダイハツ工業㈱　滋賀(竜王)工場
技術課　福井辰頼

## 制作費用

1万円

## 改善の概要&問題点

　支点が昇降機構部内にあるため、昇降レールの角度が急になっていた。下段のレールとの接続部に箱が当たり、レール破損になっていた。また、空箱の返却をレールを下げることで行っていたが、ローラー破損などの問題があった。そこで、昇降中にレールの角度を変化させることにより、スムーズに流れるようにした。

## 改善前

　箱の長さ分のレールの端を「支点」として昇降させると角度が急になり、箱が勢いよく滑ってしまっていた。そこで下段のシュートの角度を緩やかにすると、接続部でローラー破損が発生していた。

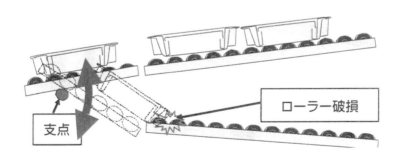

支点

ローラー破損

## 改善後

　空箱のスムーズな返却方法を考案。仮想支点から弧を描いた動きをすることで、
上下段の角度に沿った昇降機構を実現させた。

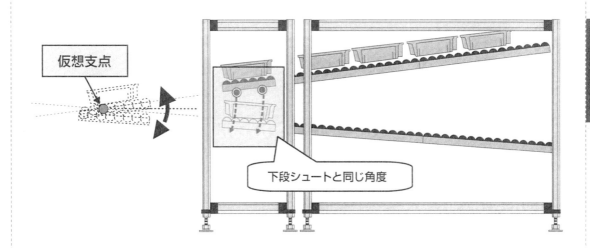

仮想支点

下段シュートと同じ角度

## 改善のメカニズム

　レールの両サイドに鉄板を配して、昇降部分を仮想支点の円弧に沿ってくり貫き、ベアリング
で沿わして箱の自重で下降。空箱が流れた後は、可動シュート部分は重りで上昇する。

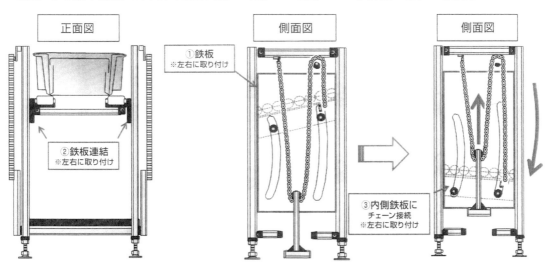

正面図

側面図

側面図

① 鉄板
※左右に取り付け

② 鉄板連結
※左右に取り付け

③ 内側鉄板に
チェーン接続
※左右に取り付け

## 苦労したこと

支点を軸で固定していないため、昇降中に引っ
かかりが生じて安定させるのに苦労した。

## 改善の効果

シュート全長を短くできたほか、省スペースの
ラインができた。ローラー破損もなくなった。

# 47 リンク機構を使った可動式シューター

作品名：スイングシュート

## からくり
リンク機構による力の伝達とオルタネイトロック機構の採用に特徴がある。

## 使った材料
イレクター、スプリングバランサー、鉄板(板厚：9mm)

## 制作者
日産自動車㈱　横浜工場
工務部生産課物流係

## 制作費用
6万1758円

## 改善の概要&問題点
　シューター最上段が空容器回収レーンになっているので、無理な姿勢による投入作業となっている。また、引っ掛かり時に掻き出す動作も大変である。

---

## 改善前
シューターに空容器を投入するとき、無理な姿勢の作業になっていた。

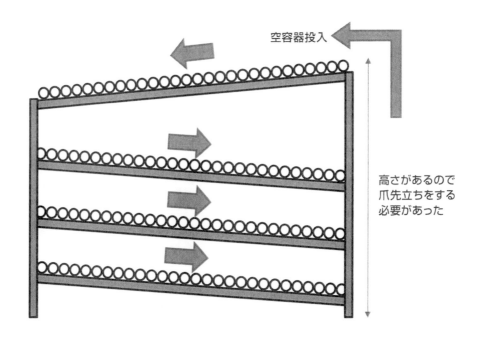

空容器投入

高さがあるので
爪先立ちをする
必要があった

## 改善後

　シューター枠に２カ所の回転軸を設けると同時にシューターに２カ所の作用点をつくり、前後で長さの違うリンクアームで連結。シーソー式ペダルの押し上げ力をリンクロッドで伝達することで、ペダル操作でシューター自体をスイング動作させる。

〈シューター動作〉

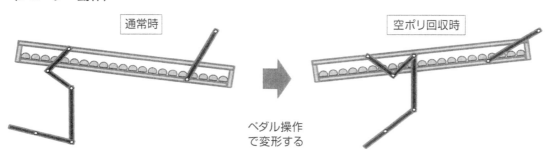

通常時　　　　空ポリ回収時

ペダル操作
で変形する

## 改善のメカニズム

　最上段の回収レーンを２つの軸でスイング動作するようにし、投入と回収の両方に傾くように設計。ペダルからリンクを使い、回収レーンを動かす。ペダル連動のオルタネイトロック機構を製作し、取り付けることで操作の簡素化を行った。

〈ロック機構イメージ〉

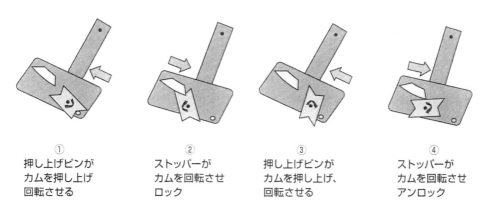

| ① 押し上げピンがカムを押し上げ回転させる | ② ストッパーがカムを回転させロック | ③ 押し上げピンがカムを押し上げ、回転させる | ④ ストッパーがカムを回転させアンロック |

オルタネイト動作で作動するロック機構を作製し、アームに取り付ける。これをシューターのスイング動作に同期させることで、ロック・アンロックの操作をなくし、操作に必要な工数を最小限にする

## 苦労したこと

ロック機構のバックラッシュ調整に大変な苦労を要した。

## 改善の効果

空容器の投入と回収作業の無理な姿勢を廃止できた。

# 48 カム機構を使った方向転換シューター

作品名：回って降りて貴方のもとへ

## からくり
立体カム機構を使い、下降運動を回転運動に変換してシュートを90°旋回させた。

## 使った材料
水道用樹脂管（カム）、カムローラー
釣り糸（伝達用）、重り

## 制作者
アスモ㈱
ホディ機器工場技術課　神林成樹

## 制作費用
4万円（からくり部分）

## 改善の概要 & 問題点
　従来の直進型やL型のシューターでは、配置スペースに入らない。また、方向転換時に衝撃が大きく、箱内の部品に干渉傷がつく恐れがあった。

## 改善前
　従来は④のように、AGVから直進型シューターへ部品箱を排出していた。スペースは1.5mあったため配置ができた。しかし、⑧の場合はスペース1.2mにシューターを配置する必要があった。直進型シューターは大きすぎて入らない。L型シューターなら可能だが、製品箱が方向転換時に停止しないように勾配を大きくする必要がある。勾配を大きくした場合には、下図のように衝撃が大きくなり、箱内の部品に干渉傷がつく恐れがあった。

Ⓐ　（直進型シューター）

1.5m

（L字型シューター）

Ⓑ

壁

AGV

1.2m

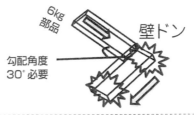

6kg
部品

壁ドン

勾配角度
30°必要

## 改善後

　L型シューターで勾配を最小にして衝撃をなくすために、以下のようにL型の角に下降旋回するからくりを採用した。これは①〜③のように動作する。

　①部品箱をシューターに投入
　②部品箱がシューター角に到達すると、自重で下降しながら90°旋回
　③部品箱が下降旋回終了後にシューターに排出

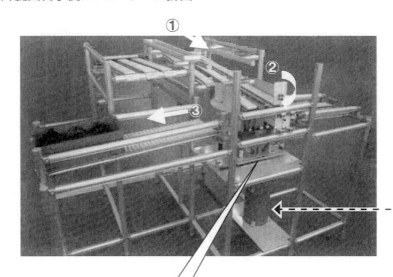

生産性向上・作業改善（搬送）

## 改善のメカニズム

　下降旋回のメカニズムを以下に示す。

　　○部品箱の自重で下降するとき、右の囲みに示すようにカムローラーがカムのリードに沿って90°旋回する

　　○リードとカムローラーは、左90°旋回用と右90°旋回用の2セットある。作業者側のレバーで左右切替え可能で、部品箱を左右に切り替えて排出できる

外面視　　　　　　内面視

水道管にリード加工　　　カムローラー

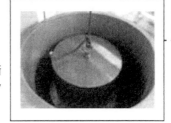

部品箱が自重下降の衝撃をなくすためのバランス重り

## 苦労したこと

部品箱に衝撃がなく、かつ引っかからないように勾配・カム機構・バランス重りの調整が必要だった。

## 改善の効果

狭いスペースに配置し、AGV運搬を可能にした。ほか、部品のキズやズレをなくした。

# 49 空になった通箱が下段に戻ってくる

作品名：パックトゥザフュチャー

## からくり

ペダルを踏むだけで箱の取り替えができる。

## 使った材料

イレクター部品

## 制作者

豊裕股份有限公司
方向盤課課長　謝 仁東

## 制作費用

2万4000円

## 改善の概要 & 問題点

　空箱交換の際に、作業者は部品が入っている箱と、返却用のトレーを入れる箱を入れ替える付加価値のない作業を行っている。

## 改善前

空箱の返却作業は付加価値のない作業だった。

トレイを返却する箱が必要

毎回、上段の
空になった箱を
下段にセットする

部品の入っている箱は、梱包材により製品キズを防ぐ対策を行っているため、梱包材を返却する空箱を準備する必要がある

## 改善後

レールの傾きを変えて、空箱を返却する仕組みを考案した。

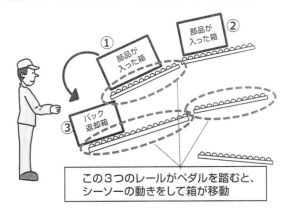

この3つのレールがペダルを踏むと、
シーソーの動きをして箱が移動

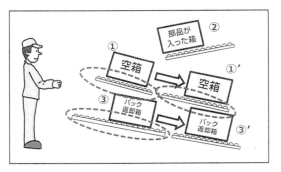

ペダルを踏むとレールの傾きが反対になり、
空箱とパック返却箱が矢印の方向に移動

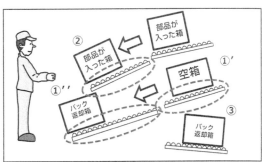

ペダルを戻すとレールが戻り、次の部品とパック返却箱のセットが完了

## 改善のメカニズム

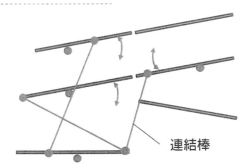

常時停止位置

- ●：支点
- ●：滑節（ピン結合）

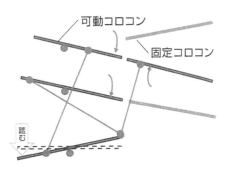

ペダルを踏むと、連結棒により図のように、支点を中心にコロコンが移動する

## 苦労したこと

前後の可動コロコンを動作させる機構の考案と、動作距離の調整に手間取った。

## 改善の効果

箱の入れ替え作業の廃止により、生産性の向上・疲労度の低減を実現した。

# 50 | ワークを取る動作で パレットを返却する

作品名：ブランコターン

## からくり

最後のワークを取る動きを利用し、パレットが回転して下段シューターへ返却される

## 使った材料

イレクター部品

## 制作者

豊田合成㈱
SS製造部エアーバック第1課　武田幹彦

## 制作費用

4万6000円（機械部品）

## 改善の概要&問題点

パレットを毎回下ろすロスがある。

---

## 改善前

パレットの移動にムダな作業が潜んでいた。

ワーク

空になったパレットを
下段のコロコンに載せ替え
ていた

# 改善後

　パレットの形状を利用して下段へ移すようにした。最後のワークを手前に引きながら取ると、パレットは倒れて、ブランコのように振られて返却される。

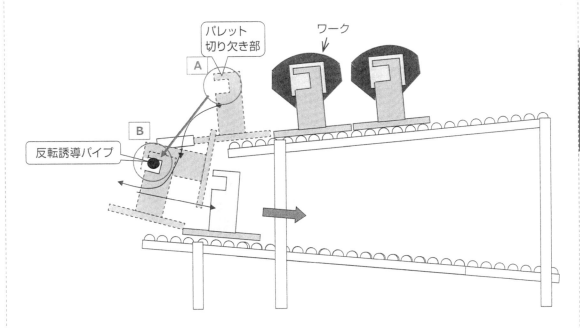

# 改善のメカニズム

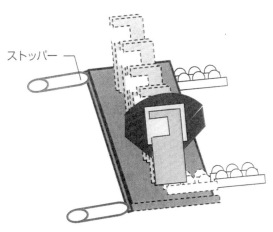

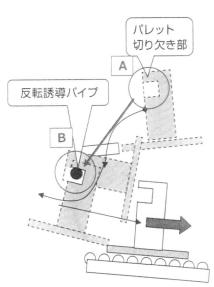

①最後のワークを取るときに、手前に引きながら取る

②パレットが倒れ、反転誘導パイプに引っかかる

③切り欠きを中心にブランコが振られて、返却のコロコンに着地

## 苦労したこと

反転誘導パイプの距離、角度、落下速度を繰り返し調整してつくり上げた。

## 改善の効果

・作業性向上（パレット返却が不要）

# 51 1つのアクションで部品箱を入れ替えて供給と払い出しを実現

作品名：ハコチェン

## からくり

1つのペダル操作で3つのリンク機構を同時に動かし、供給された部品箱と空箱を入れ替える。

## 使った材料

アルミフレーム用パイプ材

## 制作者

アイシン軽金属㈱
ダイカスト生技部技術員室　滝川将弘

## 制作費用

7万円（購入品のみ）

## 改善の概要&問題点

　自動車用部品の加工・組付工程において、組付を行う圧入部品を部品箱から取り出し、加工した製品に部品を1つずつセットして圧入を行っている。圧入される部品は、部品ごとの干渉によるキズを防ぐため緩衝材が入れてある。中段にある部品箱から部品を取り出した後に、緩衝材を上段にある部品箱に移し替え、中段の部品がなくなると上段の部品箱を下段のシュートに移し、中段の部品箱を上段に上げる作業を繰り返すため、身体への負担が大きく作業者から不満が出ていた。

## 改善前

　加工・組付工程で、部品箱の入れ替えによる作業者の負担が大きい（1回/2時間）。

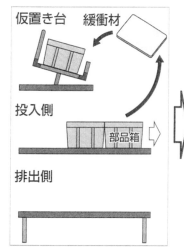

手順①

投入された部品を使用した後に残る緩衝材を、仮置き台の部品箱に移し替える

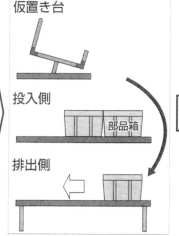

手順②

部品がなくなると、仮置き台の部品箱を排出側に移し替える（箱を上から下へ移動）

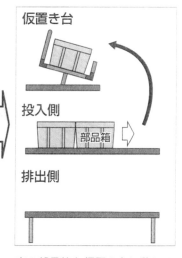

手順③

空の部品箱を仮置き台に移して、投入された次の部品箱から取り出す（箱を下から上に移動）

## 改善後

部品箱と空になった部品箱を同時に入れ替えるシューターを製作した。

手順① 手順②

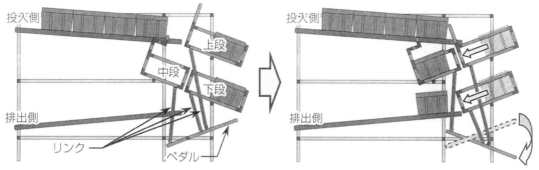

1度のペダル操作で上段の部品箱を下段へ、下段の部品箱を排出する動作を同時に行えるように、3本のリンク機構を用いて上段にある部品箱を中段に預け、下段の部品箱が排出された後に中段の部品箱が下段に移り、投入側から新たな部品箱が上段に移ることで部品箱の入れ替え作業を簡素化

## 改善のメカニズム

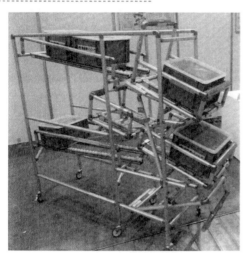

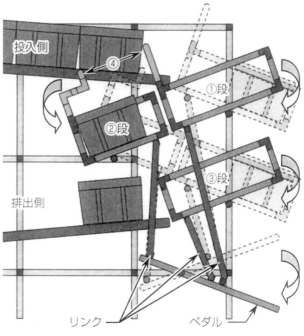

ペダル式ゴミ箱の
フタをヒントに!!

ペダルを踏むことでリンクされている①・②・③の段が同時に動き、部品箱が移動
また①・②の段には部品箱の流れを抑制するためのストッパー④を設けることで、1度のペダル操作で複数の動作が可能となった

## 苦労したこと

ラインのサイクルタイムを乱さないことと、ラインの標準作業を変えないことを重視した。

## 改善の効果

作業者の身体にかかる負担を軽減できたのと同時に、作業の簡素化を図ることができた。

# 52 箱のフタが自動で外れて 自動でかぶさる

作品名：フタ離の合ランド

## からくり
角度付きローラーでフタを浮かせて外して流し、さらに下段コンベアで空箱にフタをかぶせる。

## 使った材料
アングル、平鋼、角パイプ、丸棒、小ローラー・プラスチックコロコン・プラスチックベアリング

## 制作者
㈱三福
製造部　中西 悟

## 制作費用
8万5500円（遊休品使用、工数含め）

## 改善の概要&問題点
　運搬工がシュート上段に部品箱を投入する前にポリ（ポリエチレン容器）のフタを取り外し、フタ置き場に置く。次に下段の空ポリを回収する際には、フタを取り付けてから回収していた。そこで、フタを「取る・置く・かぶせる」という手扱いをなくせないかとの疑問から、改善に取り組んだ。

## 改善前
　シュート作業で、フタの取り外し・一時置き・フタの取り付けという付加価値のない手作業があった。

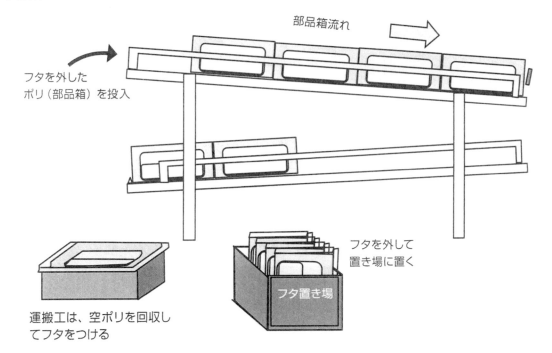

部品箱流れ

フタを外した
ポリ（部品箱）を投入

フタを外して
置き場に置く

フタ置き場

運搬工は、空ポリを回収してフタをつける

# 改善後

　フタの取り付け・取り外しを自動化した。シュートの上段を流れてきたポリから、自動的にフタを取る。ポリに部品を入れてシュートの下段へ戻すと、フタがかぶさる。

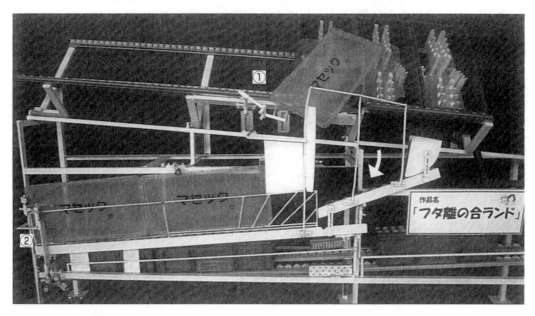

①シュートの傾斜を利用して、斜めに取り付けたローラーでフタを浮かせる
②空ポリが突き当てバーに当たり、リンクしている軸が回転することでフタをかぶせる

## 改善のメカニズム

〈フタを取り外す機構〉

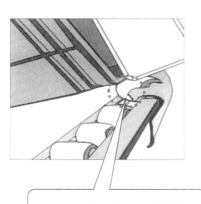

フタが持ち上がる

ローラーに角度がついており、
当たるとフタが浮き上がる

上がったすきまに払い出し板が入り込み、フタが外れて下に落ちる

## 苦労したこと

フタを外す部分の小ローラーの角度設定に、繰返しトライを行った。

## 改善の効果

部品箱のフタの処理を行わなくてもよくなった。効果は25,340円/月を達成した。

# 53 1つの手動動作でパレット循環
## （送り、排出、下降、戻し、上昇、投入）

作品名：安心してください！ハイテ（穿いて）クなんですよ

## からくり
糸・滑車・重り・傾斜・自重・ばねを組み合わせたからくりでパレットの循環搬送を実現した。

## 使った材料
釣り糸（伝達用）、滑車、重り、ばね

## 制作者
アスモ㈱
ホディ機器工場技術課　神林成樹

## 制作費用
6万円

## 改善の概要 & 問題点
　手組ラインでは、作業者がワークをパレット（ワークの加工姿勢を保持するための治具）にセットして、順次加工工程へ手送りする方式を採用している。　また先頭工程はパレット投入、最終工程ではパレット排出を手で行う。　これらパレットの循環搬送をからくりで同期化した。からくりは、糸・滑車・重り・傾斜・自重・ばねを組み合わせたベーシックかつ巧妙な同期動作である。

## 改善前
この手組ラインの手順は下図の通りである。
○A工程作業者がワークをパレットにセットし、ハンドプレスなどで加工（圧入やかしめなど）を行い、B工程へパレットごとワークを手送りする
○B〜D工程では、加工後にパレットごとワークを手送りする
○E工程では、加工後にワークを製品箱へ入れて、空パレットを電動戻りコンベアのF位置へ排出（乗せ替え）する
○A工程では、G位置から空パレットを作業ラインへ投入（乗せ替え）する
こうした一連の動作によってパレットを循環させる。

⇐印　パレット循環経路

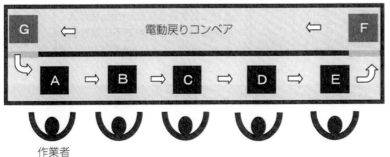

A〜E工程はこのようなイメージ

ハンドプレス

パレット

# 改善後

作業者が加工工程でハンドプレスのレバーを降ろしてから元に戻すだけで、パレットの循環（送り、排出、下降、戻り、上昇、投入）を糸と重りを使ったからくりで同期動作させた。
（以下の写真は改善前のA～Gの工程を1カ所に省略したもの）

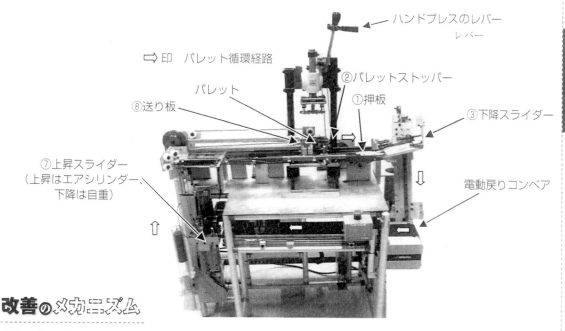

⇨印　パレット循環経路

- ②パレットストッパー
- ①押板
- パレット
- ⑧送り板
- ハンドプレスのレバー　レバー
- ③下降スライダー
- ⑦上昇スライダー（上昇はエアシリンダー、下降は自重）
- 電動戻りコンベア

# 改善のメカニズム

## 1 レバーを操作

加工のためにレバーを押すと押板が移動。
ワークを取り外し、レバーを戻すとパレットストッパーが外れる

## 2 下降スライダーの移動

押板は重りに引っぱられて、パレットを下降スライダーへ押し込む。下降スライダーは下降して電動戻りコンベアにパレットを排出した後、上昇して元の位置に戻る。もちろん下降スライダーには逆戻りしないように、爪でロックがかかるようになっている

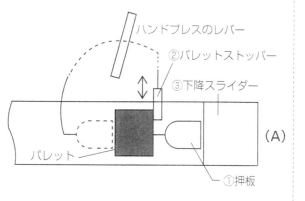

ハンドプレスのレバー
②パレットストッパー
③下降スライダー
パレット
①押板
（A）

## 3 上昇スライダーの移動

戻りコンベアで上昇スライダーに押し込まれたパレットは上昇し（エアーシリンダー）て、作業ラインに排出される。送り板が糸と重りで引かれて、パレットを加工位置へ移動する

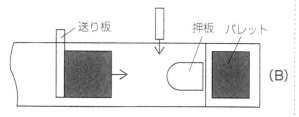

送り板
押板
パレット
（B）

# 苦労したこと

からくりの組合せによるストロークの短縮と、増幅調整など巧妙なタイミング取りが難しかった。

# 改善の効果

・パレット投入と排出の手扱い廃止
・ラインサイクルタイムを8.2秒短縮

# 54 重力を利用した空中搬送

## からくり

製品自重と重りを使って搬送するシステム。

## 使った材料

アルミパイプ、滑車、紐、ばね、ローラー

## 制作者

㈱岡山村田製作所
吉田和博

## 制作費用

1区間（7m）当たり20万円

## 改善の概要&問題点

　加工エリアで完了した製品を、最長22m先の検査工程へハンドキャリーで、1日当たり19km歩いて人が運んでいた。一方、検査工程では、製品が運ばれて来ないため製品切れになったり、一度に大量に運ばれてきたりして、作業にムラが発生していた。

## 改善前

長距離の運搬作業には、以下のような課題があった。
○加工エリアで完了した製品を検査工程までハンドキャリーで運搬していた
○運搬の移動距離は最長22mあり、1日当たり約19kmのハンドキャリーが発生していた
○検査工程では製品が運搬されてくる量が安定せず、作業にムラが発生していた

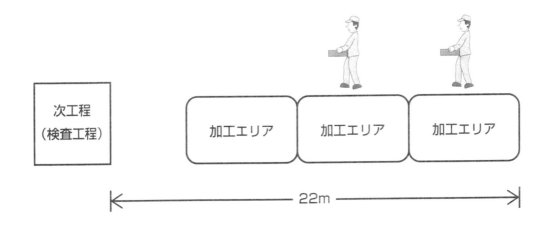

## 改善後

　動滑車を介した紐を電動アクチュエーターで引っ張ることで上昇する、昇降装置を中心とした搬送システムを考案した。

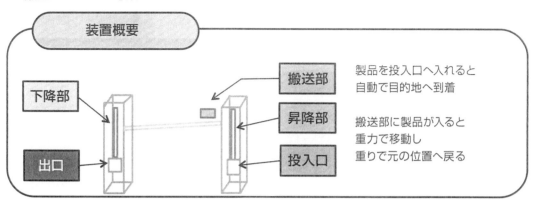

> ### 装置概要
>
> 下降部　搬送部
>
> 昇降部
>
> 出口　投入口
>
> 製品を投入口へ入れると
> 自動で目的地へ到着
>
> 搬送部に製品が入ると
> 重力で移動し
> 重りで元の位置へ戻る

## 改善のメカニズム

### 製品落下対策①

レバーが倒れてロックが解除される

### 製品落下対策②

載せ替えをする際に、カゴが動かないようにアンチバックを使用してロックがかかるようにし、電動ストッパーで解除できるようにした

### 載せ替えの工夫

横から製品がスムーズに入るように、下からコロコンが上がってくる

### お金をかけない工夫

1800mmのアクチュエーターを使用すると約60万円かかるため、滑車を利用して安価な（4万円）300mmのアクチュエーターで代替

### 取り付けできなかったが…

既製品のショックアブソーバーでは合わず、19mmのアルミパイプに格納して加工すると取り付けが可能になった

### 交通整理

前方エリアから流れてくる製品を最優先とするため、リミットスイッチに製品が当たると上昇ユニットが持ち上がり、スイッチが入らないように工夫した

## 苦労したこと

昇降部の製作が大変だった。また、発想を実際の形にしていく作業が難しかった。

## 改善の効果

・オペレーターの歩行ロス削減
・作業のムラを排除

# 55 てこの原理を使い、簡単ポカヨケを設置

作品名：逆ジャマする君

| **からくり** | **使った材料** |
|---|---|
| てこの利用で誤組み付けを防ぐ。 | 一般加工材 |
| **制作者** | **制作費用** |
| ㈱ミクニ　菊川事業所<br>製造Gr　増田啓人 | 1万円 |

**改善の概要＆問題点**

同じ部品が、セッティングにより組み付ける場所が変わる。加工は両方の穴が完了した状態のため、組立工程の作業者がセッティングごとに組み分けをしていた。

---

**改善前**

作業者が毎回気をつけて、治具のセッティングごとに組み分けをしている。

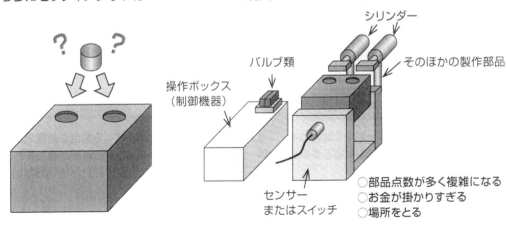

どちらにセッティングすれば……

治具にシリンダーを取り付ける案

シリンダー

バルブ類

そのほかの製作部品

操作ボックス
（制御機器）

センサー
またはスイッチ

○部品点数が多く複雑になる
○お金が掛かりすぎる
○場所をとる

○毎回緊張して組んでいるので疲れる、また、どれだけ気をつけていても「うっかり」が発生する可能性がある
○シリンダーや電気制御を使っても良いが、コストを考えるとモッタイナイ
○スペースは現在の治具のスペースから広げたくない

## 改善後

専用治具を製作し、ミスを防止する手立てを構築した。

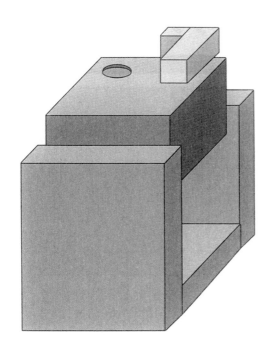

てこの原理を既存の治具に追加工し、電気も
エアーも使わず、また省スペースで改善するこ
とができた。組み付けてはいけない方の穴を
確実にふさぎ、ミス防止策とした

## 改善のメカニズム

ボティがてこのアームを押すことで「ジャマ板」が作動し、組み付けてはならない方の穴を
ふさぐようにした（段取り替えはワンタッチで可能）。

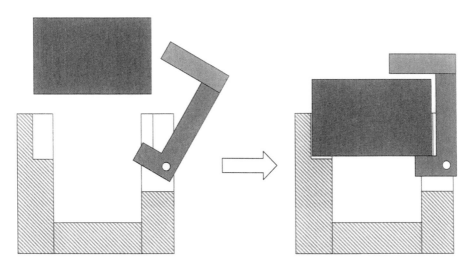

## 苦労したこと

限られたスペースで、てこのアームのバランス
をうまくとることが難しかった。

## 改善の効果

エアーも電気も使わず、省スペースで故障もし
ないポカヨケが設置できた。

# 56 ボルトの長短をうまく利用した異品投入防止ボックス

作品名：あわなきゃあかん

## からくり

ばねを使って、簡単に適合性をチェック。

## 使った材料

スプリング、角パイプ、鋼材

## 制作者

ジヤトコ㈱　CVT工場
第3CVT製造課　水上正幸

## 制作費用

3000円

## 改善の概要&問題点

　パーツフィーダーに異品投入防止としてボルト投入口に現物部品を掲示し、必ず照合してから入れていた。しかし、類似ボルトも多く、部品準備マンの勘違いや作業者の照合ミスにより異品投入をさせてしまった。

## 改善前

パーツフィーダーにボルトを投入する前に、容器の中の1本を現物品見本と照合している。

現物品見本

長短のボルトを選別

## 改善後

　ボルト補充時、容器の中の1本をボルトチェックボックスに差し込む。適合品ボルトが差し込まれたときのみ、パーツフィーダーの投入カバーが開く。

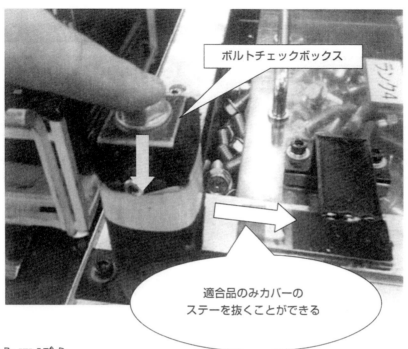

ボルトチェックボックス

適合品のみカバーの
ステーを抜くことができる

## 改善のメカニズム

　ボルトが長いと上爪がステー切り欠き部に入り、短いと下爪が入る。

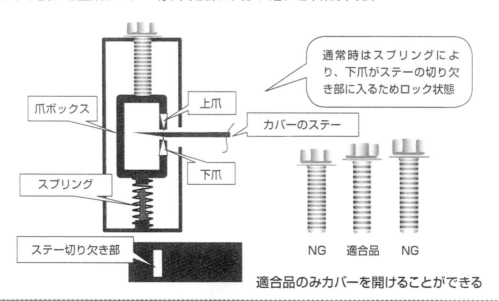

通常時はスプリングにより、下爪がステーの切り欠き部に入るためロック状態

爪ボックス

上爪

カバーのステー

下爪

スプリング

ステー切り欠き部

NG　適合品　NG

適合品のみカバーを開けることができる

| 苦労したこと | 改善の効果 |
|---|---|
| ボルトの首下相違を爪ボックスに置き換えた。 | ・ボルトの仕様違い防止 |

# 57 追加動力ゼロで品質確認時の 反転作業を廃止

作品名：ひっくりカエル

## からくり

プレスの上下運動、製品搬送コンベア動力を利用したワーク吸着とワーク反転爪の角度自動調整。

## 使った材料

鋼材、磁石、スプリング

## 制作者

マツダ㈱
車体製造部プレス課　破天荒サークル

## 制作費用

5万2000円（制作費）

## 改善の概要&問題点

品質確認のためプレス成形品の反転作業があり、以下の問題が発生している。
○重筋作業（7.2kg）が発生している
○製品反転時に切創
○反転による衝撃での恐れがあるフランジが変形する
反転作業で、これらをなくすことはできないか。

---

## 改善前

成形品の反転作業で問題が発生していた。

### 問題点
ワークの反転の重筋作業
（ワーク重量＝7.2kg）

反転させた後、
内側のチェック

## 改善後

### ■最初の改善

プレス機械

反転装置

ワーク

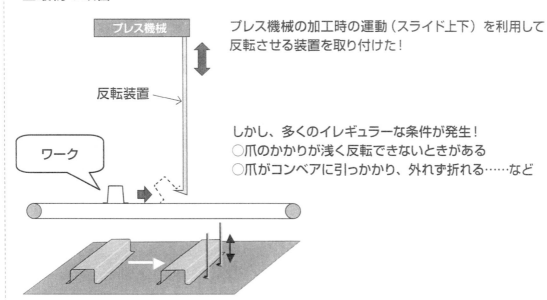

プレス機械の加工時の運動（スライド上下）を利用して
反転させる装置を取り付けた！

しかし、多くのイレギュラーな条件が発生！
○爪のかかりが浅く反転できないときがある
○爪がコンベアに引っかかり、外れず折れる……など

## 改善のメカニズム

### ■さらに改善
○爪のかかりが浅くてもワークにかかれば反転するよう、先端に磁石を取り付ける
○爪がコンベアに引っかかっても、スプリングの作用で爪が逃げる構造にした

一連の動作

実物写真

スライド

反転装置

ワーク

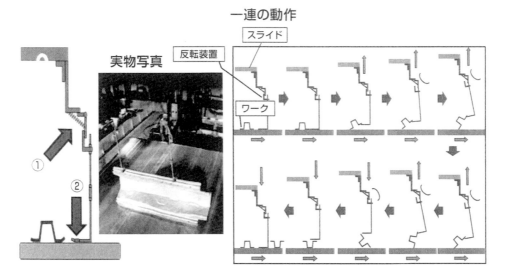

## 苦労したこと

どんな条件でも確実に反転させることができ
る機構にこだわった。

## 改善の効果

・重筋作業の改善
・工数削減

# 58 搬送装置のシンプル・軽量化

### からくり
リンク機構を利用してシンプルなハンガーにした。

### 使った材料
鋼材、ばね

### 制作者
トヨタ紡織㈱
シート骨格生技部シート骨格工程整備室

### 制作費用
10万円

### 改善の概要&問題点
重量のあるワークをロボットで運ぶため、シリンダーなど必要な機器が増えることで重量が重くなる。その結果、大型のロボットが必要になるなど、設備投資が増える懸念がある。

### 改善前
ロボットにハンガーを装着してワークを搬送していた。

ハンガーの構造

エアーシリンダー
センサー
エアー配管 ⇨ 電気的制御
エアーバルブ
制御ボックス ⇨ 設備が重くなる ⇨ 設備投資 高 エネルギー消費 大

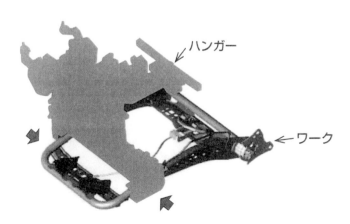

← ハンガー

← ワーク

## 改善後

　軽い装備でワークが運べる
よう、リンクのロック機構を
採用して、簡単な構造で軽量
な装置を考案した。

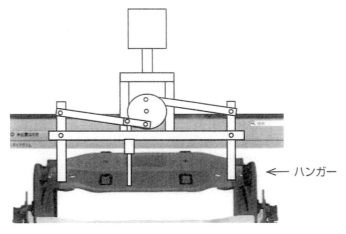

←── ハンガー

簡単な構造で保全性向上

## 改善のメカニズム

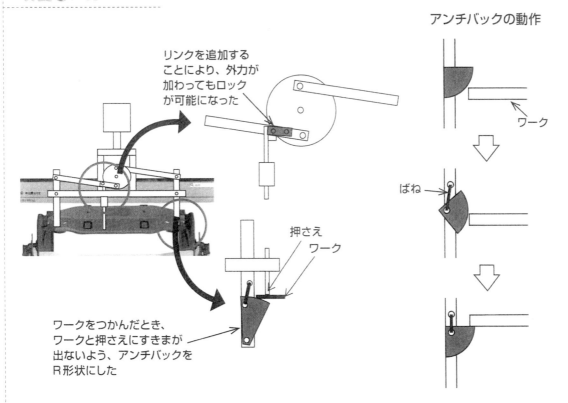

リンクを追加する
ことにより、外力が
加わってもロック
が可能になった

ワークをつかんだとき、
ワークと押さえにすきまが
出ないよう、アンチバックを
R形状にした

押さえ
ワーク

アンチバックの動作

ワーク

ばね

## 苦労したこと

製品をつかむ・離すという動作が、1動作で
できる仕組みの考案に苦慮した。

## 改善の効果

・設備投資費用の低減
・省エネルギーの実現

# 59 次の部品が回転して 治具にセットされる組付治具

作品名：空中回転式組付治具

### からくり

ワークを押し付けて組み付けると、次の部品が
治具に自動でセットされる。

### 使った材料

鋼材、ピアノ線

### 制作者

豊田合成（佛山）汽車部品有限公司
麦 达芳

### 制作費用

4万円

### 改善の概要&問題点

部品のセット忘れで、欠品が流失する。
部品の向きを合わせる時間にバラツキが出る。

### 改善前

部品の組付作業に以下の課題があった。

① 部品をトレーから取り出す

② 向きを確認して、治具にセットする

③ 治具にセットされた部品に、別の部品を押し付けて製品に組み付ける

④ 検査・箱詰め

## 改善後

組み付ける部品を自動供給する装置を製作した。

### ①製品を組み付ける

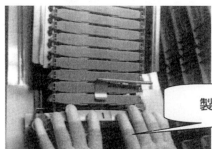

治具にセットされた部品に製品を押さえつける

> 製品を押さえつけて組付

### ②検査・箱詰め

製品を取り出すと次の部品が反転して治具に自動でセットされる製品を検査する

> 部品が自動で回転してセットされる

> 製品を反転して検査する

生産性向上・作業改善（治具）

## 改善のメカニズム

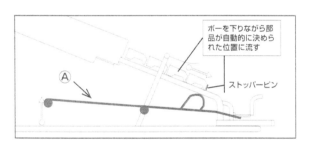

> ボーを下りながら部品が自動的に決められた位置に流す

ストッパーピン

①製品を治具に押し付けると同時に、Ⓐを押し下げる
②部品がストッパーピンまで流れ落ちる

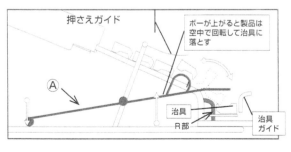

押さえガイド

> ボーが上がると製品は空中で回転して治具に落とす

治具
R部

治具ガイド

③製品を取り出すと、Ⓐが上に戻る
④Ⓐが上に戻るときに、R部が部品を跳ね上げて、押さえガイドに沿って回転落下する

## 苦労したこと

部品を回転させる。跳ね上げの形状と位置の調整。

## 改善の効果

生産性の向上：2s/台 6100 台/日＝3.38H/日

# 60 クランプ力を利用した
# スペーサー交換作業の容易化

作品名：By 返しだ！

## からくり

治具クランプのクランプ力を活かした。

## 使った材料

市販の治具クランプ

## 制作者

アイシン高丘㈱
品質保証部

## 制作費用

8000 円

## 改善の概要&問題点

　品質検査を行う際に、品番が変わるたびに検査治具の高さを変更するため、検査治具の下に高さ調整用スペーサーを取り替える作業が発生する。このとき検査治具が重く（12kg）、女性作業員では交換が不可能で、毎回男性作業員に交換を依頼して対応していた。また、治具が検査テーブルの中央にあるため腰痛や指はさみなどの危険もあった。

## 改善前

検査治具の高さ調整の作業は以下のように行っていた。

①治具固定ボルトを緩める
②治具を横に移動
③スペーサーを定位置に置く
④治具を持ち上げてスペーサーの上に載せる（持ち上げは必ず発生）
⑤ボルト穴を合わせて治具を固定

検査治具（重量12Kg）

体勢が悪くやりづらい…

スペーサー

## 改善後

　固定用に市販されているクランパーを検査治具にボルトで固定し、
簡単に治具の持ち上げを可能にしたことで、女性も簡単に交換作業ができる。

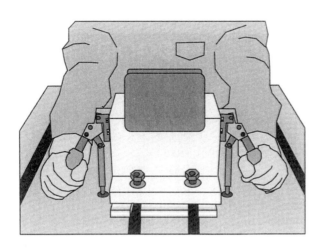

## 改善のメカニズム

　通常、モノを固定する力（クランプ力）を反作用として治具持ち上げ力に
変換している。

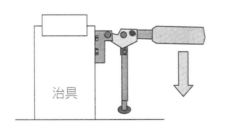

すきま発生

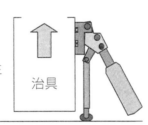

　　　ポイント ①フリーの治具側にクランパーを固定すること
　　　　　　　 ②スペーサー投入のすきまができればよい
　　　　　　　 ③固定ボルトを外さずに交換可能（作業効率向上）
　　　　　　　 ④スペーサーは長穴式に変更（スライド投入可）

## 苦労したこと

検査作業の邪魔にならない取り付け位置の割
り出しに苦労した。

## 改善の効果

・交換時間の低減（女性も楽々作業できる）
・不安全要因の削減

# 61 作業車の指に負担がかからない ブレード挿入装置

作品名：らくらく挿入くん

| | |
|---|---|
| **からくり**<br>てこを利用した挿入装置と連動するインデックステーブルに特徴がある。 | **使った材料**<br>鋼材、アルミフレーム、樹脂 |
| **制作者**<br>ダイハツ工業㈱　滋賀(竜王)工場<br>技術課　左武康司、第5機械課　長井智久 | **制作費用**<br>8万円 |

**改善の概要&問題点**

　1枚1枚手作業でブレードを組み付けており、作業者の指に負担がかかっている。そのため、手作業で行っていたトルコンブレード（羽）の挿入を機械化して、楽にできるように改善した。

---

**改善前**

　1枚1枚手作業でブレードを組み付けているため、作業者の指に負担がかかっている。
　ブレート取付枚数：37枚／台（1日当たり平均50台）

〈ブレードの組付作業〉

ブレード

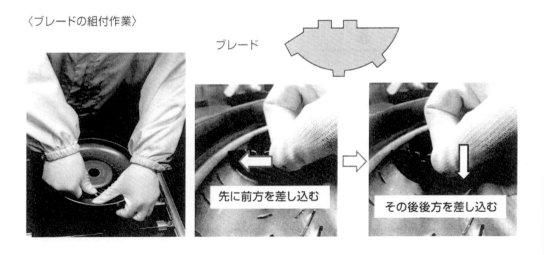

先に前方を差し込む　　　その後後方を差し込む

少量生産のため自動化できない（高コスト）

# 改善後

　可動式ブレードチャックの手首を反して挿入する動きと、インデックステーブルをレバーと連動させることで、指に負担のかからない挿入を可能にした。

① ブレードを治具にはさみ込んでセットする

② ブレードが挿入後にレバーを上げるとテーブルが回る

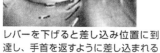

③ レバーを下げると差し込み位置に到達し、手首を返すように差し込まれる

完成

# 改善のメカニズム

## ブレード挿入

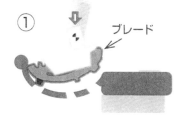

① 先にブレードの先端の爪を差し込み、位置決めする

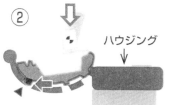

② 爪がトルコンハウジングを押すことで左へ移動する

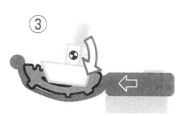

③ 移動により残りの爪が入りやすくなることで、手で行ったときと同じような手首のひねりを再現

## レバーと連動するインデックステーブル

---

## 苦労したこと

差し込むときに必要だったカン・コツを、機械の動きで再現することが難しかった。

## 改善の効果

・手作業6分→ 装置2分
・作業者への負担を大幅に軽減

# 62

## てこの原理とカム機構で
## 1本ワイパーアームを簡単に取り外す

作品名：誰でも簡単『カムとるー』

### からくり
てこの原理で操作力を軽減し、カム機構で力の向きを変え簡単に1本ワイパーアームを取り外す。

### 使った材料
鋼材、ワイヤーケーブル

### 制作者
トヨタ自動車㈱
車両技術開発部士別試験課　井上鉄也

### 制作費用
3万円

### 改善の概要＆問題点
自動車のワイパーアームを取り外す際は、ワイパーアームにロープを巻き付けて真上に引っ張る。操作力が40kgと重く、前かがみ姿勢のため、作業者の腕や腰へ負担が大きい作業となっている。

### 改善前
1本ワイパーアームの取り外しは負荷の大きな作業だった。

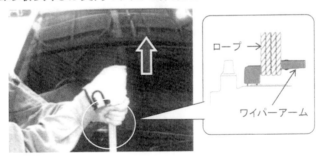

ワイパーアームにロープを巻き付け、真上に引っ張る

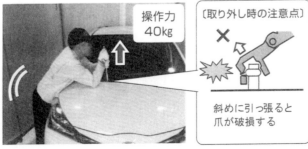

真上に引っ張るため、前かがみ姿勢で爪を外す

## 改善後

レバーを引くだけで簡単に取り外すことができる治具を製作した。

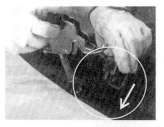 ▷

治具の固定部を車両へ取り付け、
保持部をワイパーアームに引っ掛ける

治具のレバーを引くことで、カム機構により
ワイパーアームを真上に引っ張り、取り外す

治具の構成

作業状況

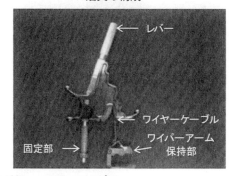

操作力
8kg

レバー

ワイヤーケーブル

固定部 → ワイパーアーム 保持部

カム機構により、手前に引くだけで
簡単に取り外せる

## 改善のメカニズム

①カム機構：真上に引っ張る

②てこの原理：操作力低減

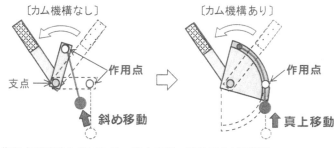

〔カム機構なし〕　〔カム機構あり〕

支点　作用点　作用点

斜め移動　真上移動

作用点が変化しないため、真上に引っ張ることが可能！

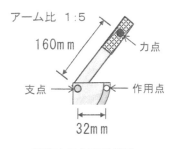

アーム比　1：5

160mm　力点

支点　作用点

32mm

操作力を1/5に低減

### 動作

②てこの原理

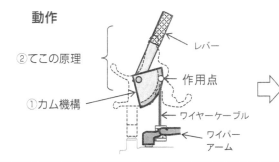

レバー

作用点

①カム機構

ワイヤーケーブル

ワイパー
アーム

作用点

レバーを引くと
ワイヤーが
ワイパーアームを
真上に引っ張る

## 苦労したこと

カム形状の大きさの検討や、真上に引っ張る
構造の模型をつくり、試行しながら具現化し
た。

## 改善の効果

・前かがみ作業の廃止
・取り外し作業時の操作力1/5に軽減
　（改善前40kg→改善後8kg）

# 63 ワンタッチでボルトの簡易挿入

作品名：ぱっと・トリック

### からくり
ワイヤーで連動した供給装置、ボルトの整列、スプリングと磁石を用いたセット用の工具。

### 使った材料
パイプ、ワイヤー、磁石、スプリング

### 制作者
㈱今仙電機製作所
製造技術課　齊藤孝徳

### 制作費用
3万円

### 改善の概要&問題点
部品箱からボルトを3本取り出し、コの字型の製品にセットし、プレスで圧入する工程がある。セット部の幅が狭く、次のような問題が発生した。
○セットしづらく、慣れが必要である（カン・コツ作業）
○セット時間が安定せず、セットミスした場合は手直しする必要がある
○部品箱からボルトを多く取ったり、向きを合わせるために持ち替えたりする必要がある

---

### 改善前
　コの字型の製品を上向きにセットし、ボルトを3本、部品箱から取り出す。製品にボルトをセットして、プレスで圧入する。

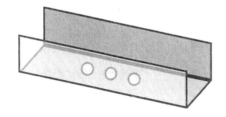

部品箱

問題点……製品がコの字型で窓口が狭いため、セットしにくい
　　　　　入れ損なったボルトの修正など、ムダが発生しやすい

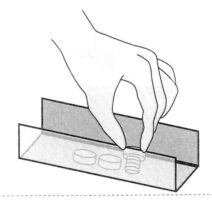

## 改善後

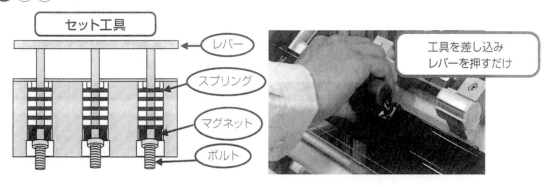

セット工具
→ レバー
→ スプリング
→ マグネット
→ ボルト

工具を差し込み
レバーを押すだけ

## 改善のメカニズム

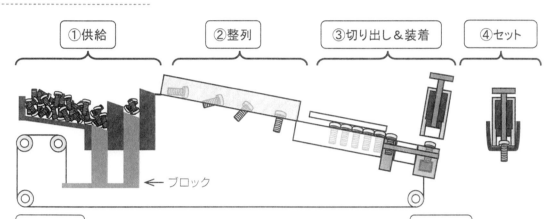

①供給　②整列　③切り出し&装着　④セット

← ブロック

工具改善

### ①供給

ワイヤーに引っ張られてブロックが上下し、ボルトが運ばれる
ワイヤーは切り出し装置とつながり、セット工具のボルト装着動作と連動する

### ②整列

パイプの溝に沿って、ボルトが下を向き、ボルトが整列される

### ③切り出し&装着

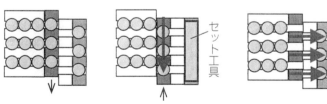

セット工具

セット工具にボルトを装着するとき、受けのブロックを下に押すため、傾斜に沿って切り出しのブロックが横にスライドし、ボルトが1本ずつ切り出される
受けのブロックの上下運動と供給がワイヤーでつながり、供給の動力となっている

### ④セット

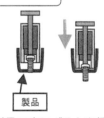

製品

製品の穴にボルトを挿した後、レバーを下に押し、ドーナツ型の磁石の真ん中からピンが出て、磁石からボルトを切り離しセットする

## 苦労したこと

供給と切り出しをワイヤーで連動させるのに苦労した。また、整列のパイプと切り出しの境がよく詰まり、スムーズに流れるように試行錯誤したこと。

## 改善の効果

1回のセットでボルトを3本セットできるようになり、セット時間を短縮できた。セットミスによるチョコ停を削減した。

# 64 スナップリングの組付方法を改善

作品名：スナップン

## からくり
スプリングによるワンタッチロックにし、解除時も片手でできる。

## 使った材料
プライヤー、板金、スプリング

## 制作者
㈱SUBARU　産業機器本部
製造部製造課　サブウォッシュサークル

## 制作費用
1万円

## 改善の概要&問題点
　スナップリングを組み付ける際、握り続ける力を軽減させ、誰にでも（女性・年配者）容易に作業が行えるプライヤーを開発した（品質的にも向上）。

## 改善前
　スナップリングの組付作業を1日当たり100本行っていて、1本に対して3個のスナップリングを組み付ける構成となっている。小さな力でも300回組んでいると、握り続ける力が弱くなり（痛みも発生）、作業スピードが遅くなっていた（力の加減で工廃も発生）。

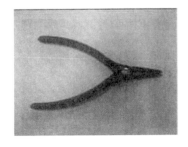

市販のプライヤー

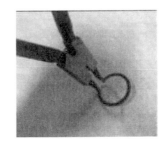

プライヤーを握りスナップリングを広げる
（一定の力で保持）

握りながら組付位置まで下げる

## 改善後

プライヤーを改善し、以下の効果を得た。
①プライヤーを握り続けなくてよい（疲労軽減）
②一定の位置で保持（誰が行っても）
③ワンタッチで解除（片手作業可能！）

プライヤーを握るとレバーが下がり（一定の位置）、手を離してもスナップリングが開いた状態を維持する

組付位置まで下げて位置を合わせレバーを押すと、スナップリングが閉じて（レバー解除）組付完了

## 改善のメカニズム

スプリングの力によるてこを採用。プライヤーの開き角度を固定化した。

■レバーの構造

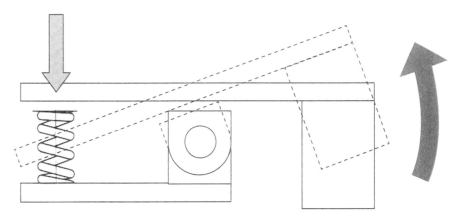

## 苦労したこと

ロック機構の構造を検討したこと。その他、デザインにこだわった。

## 改善の効果

・作業改善、作業性向上

# 65 ストリッパー（被覆はがし）の機構を利用したホース外しの容易化

作品名：チューベー

## からくり
てことリンク機構の組合せにより、摩擦力によるホース引き抜きを実現した。

## 使った材料
端材を利用

## 制作者
アイシン高丘㈱　本社工場
安全環境部

## 制作費用
1000 円

## 改善の概要&問題点
　ダイキャスト型の型保全・補修をする際に、型冷却用に設置されている大量のホース（チューブ）を外す必要がある。このとき、ホースを外すには、抜け防止のロックを押さえながら抜かなければならない。しかし、型内部に位置する作業スペースは狭く、手が入らずロックが押しにくいため作業がなかなか進まない。

## 改善前
ホースを外す作業は両手を使うため、スペースと力が必要である。

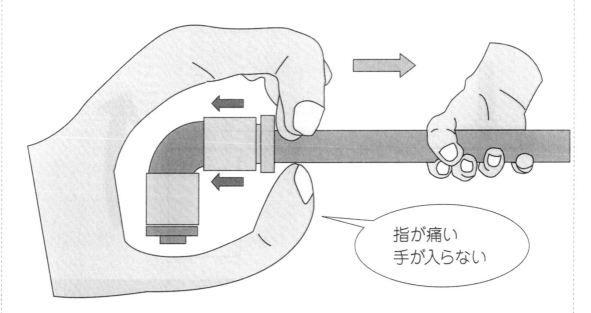

指が痛い
手が入らない

○油・ホコリ・汚れなどでホースロックのロック外しが押せない
○油・ホコリ・汚れなどでホースが滑って引き抜けない
○スペースが狭いため、力が入りにくい

## 改善後

ホース外し工具を製作して解決した。ホースをひと握りすることで、片手で楽々ホースを外せるようになった！

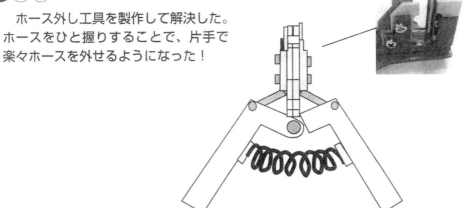

## 改善のメカニズム

①ホースを押さえる

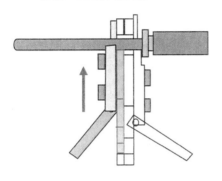

②ホースをつかむ

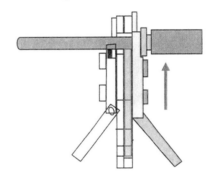

③ロックを押し込む

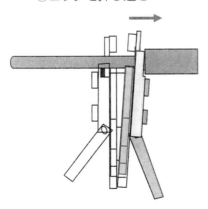

④ホースを抜く

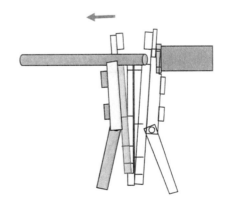

### 苦労したこと

てことリンクの始動タイミング調整に手間取った。また、ホースの滑り止め対応にも気を遣った。

### 改善の効果

・両手作業の廃止
・不安全要素の低減

# 66 ワンタッチ継手（空圧用）の接続・脱着作業を容易にする工具

作品名：秘密の開き子ちゃん

## からくり

リンク機構とばねを用いて専用工具とした。

## 使った材料

ねじりばね、コイルばね、鋼材・アルミ材

## 制作者

㈱三五
精鋼製造部　佐々木隆文

## 制作費用

5000円

## 改善の概要 & 問題点

　ワンタッチ継手の簡易工具製作による、安全で楽ちん作業の実現を目指した。チューブの接続・脱着作業で、①古くなって抜けにくい場合、②チューブが短くて抜けにくい場合、③狭くて両手を入れにくい場合など、やりづらい作業を楽で簡単に着手できるようにした。

## 改善前

　チューブの脱着作業は両手作業で、以下の手順を踏んで行っていた。

①チューブを押す
②開放スリーブを押す
③チューブを引き抜く

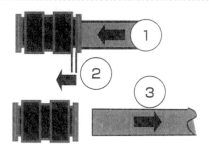

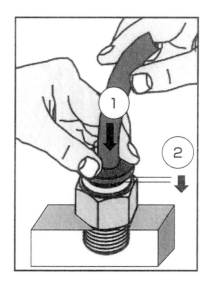

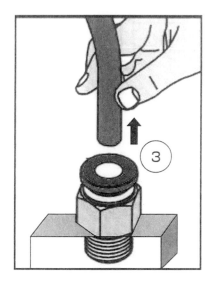

## 改善後

専用のチューブ脱着工具を製作した。

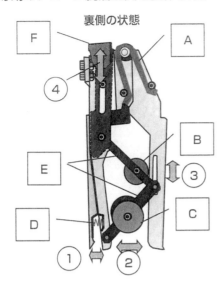

裏側の状態

F
A
④

E
B
③

D
C

①
②

### 部品名

A：ねじればね（ツメのスライド戻し）
B・C：ロール（はさまれ防止）
D：コイルばね（チューブのクランプ戻し）
E：リンクアーム（スライド）
F：ツメ（開放スリーブを当ててスライドする面）

### 工具の動作

①仮クランプ（チューブを保持）
②本クランプ（ワンタッチ継手を外す）
③アーム移動（リンク機構）
④ツメ（チューブと継手を突き放す）

## 改善のメカニズム

①チューブに
工具を合わせる

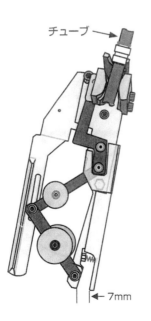

チューブ →

← 7mm

②チューブを
軽くはさむ

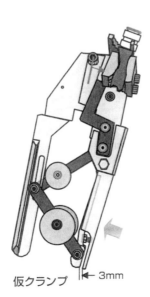

仮クランプ ← 3mm

③工具が止まるまで
握る

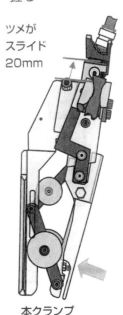

ツメが
スライド
20mm

本クランプ

## 苦労したこと

チューブを本クランプして開放スリーブを押す
動作のズレを発生させること、φ6～12mm
のチューブに対応する点に苦労した。ツメは
20mmスライドさせるなど何度も試作した。

## 改善の効果

劣化し抜けにくいチューブ・奥まった、狭い場
所でも片手で安全に、楽に、簡単に作業可能
となった。

# 67 風力を利用した 回転式エアーガンノズル

作品名：くるくるシュッシュッお掃除完了

### からくり

圧縮エアーが壁に当たった際に発生する力を回転力に変える。

### 使った材料

エアーガン、ボールベアリングなど

### 制作者

アイシン精機㈱　試作工場
製造G造形・加工課

### 制作費用

1万8000円

### 改善の概要&問題点

切削加工後における円筒内の切りくず除去に苦労していた。そこで、回転式のエアーノズルを考案したことにより、切りくず除去を容易にした。

### 改善前

エアーガンを使った切りくず除去は作業性に難があった。

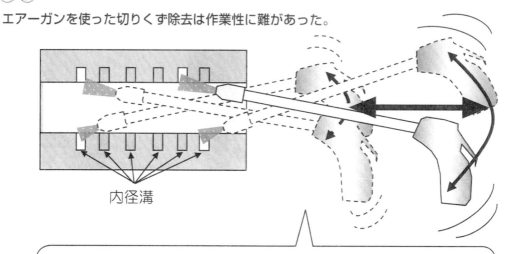

内径溝

内径溝を狙って、エアーガンを前後・上下左右に大きく動かす作業が必要

【問題点】

○内径溝部に溜まった切りくず・油が排出できるまで繰り返し作業している
（溝部にうまく当たらない）

○ノズル先端部で製品にキズがついてしまう
（ノズル先端の材質が真鍮）

## 改善後

　エアーの噴出を推進力とした回転式のノズルを考案し、エアーの供給でノズルが回転する仕組みとした。ノズルを前後に動かすだけで溝部の切りくず・油が簡単に排出できるようになった。

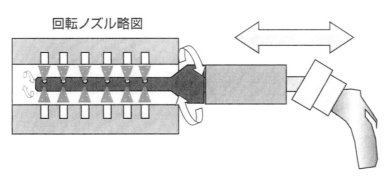

回転ノズル略図

## 改善のメカニズム

〈回転ノズルの構造と仕組み〉

ノズル穴：先端3カ所、側面14カ所

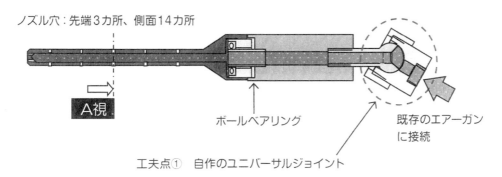

A視

ボールベアリング

既存のエアーガン
に接続

工夫点① 自作のユニバーサルジョイント

工夫点② シンプルなノズル回転機構

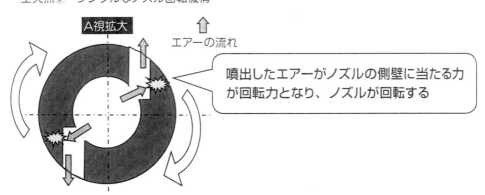

A視拡大

エアーの流れ

噴出したエアーがノズルの側壁に当たる力が回転力となり、ノズルが回転する

### 苦労したこと

ノズルを回転させるための穴径と中心からの穴位置シフト量の寸法設定が難しかった（実際の切りくず除去能力を見ながら最適条件を導き出した）。

### 改善の効果

・作業工数の向上
　改善前：3.34分/台→改善後：3.34分/台
　（▲2.82分/台）

# 68 両手ポンチ作業が ハンドル操作で楽々簡単に

作品名：一錘定型

## からくり

てことカムでシリンダーの動きを制御する。

## 使った材料

エアースイッチ、アルミ材、シリンダー

## 制作者

上海三国精密機械有限公司
製造2係　張 治平

## 制作費用

5415円（遊休品利用のため費用は少ない）

## 改善の概要&問題点

　製品1つにつき、2カ所のポンチ作業を手作業で行っていた。生産数量が多いため、時間もかかり、作業者も大変だった。その結果、製品寸法のバラツキがあり廃却不良が発生していた。

---

## 改善前

　2カ所のポンチ作業を、手で
ハンマーを使い行っていた。

バラツキ
が出る…

ポンチ作業は作
業者の負荷も
大きく、製品寸
法のバラツキが
あって不良が減
らなかった

## 改善後

シートポンチ作業台を製作した。

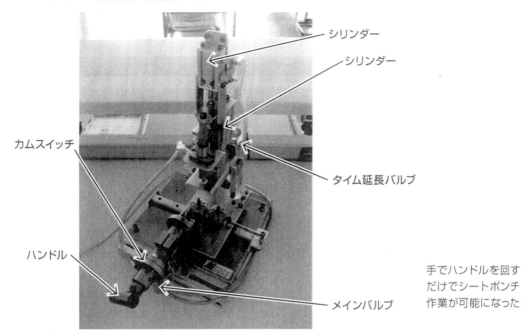

シリンダー

シリンダー

カムスイッチ

タイム延長バルブ

ハンドル

メインバルブ

手でハンドルを回す
だけでシートポンチ
作業が可能になった

## 改善のメカニズム

　ハンドルを回すとカムによりスイッチが操作され、位置決めシリンダーが作動する。位置決めシリンダー作動により別のカムが操作され、時間差でポンチが自由落下し、作業を行う。ハンドルを戻すことで動作がリセットされ、そのまま逆方向にハンドルを回すことで、次の場所へ同様の作業が行われる。

自社開発機器

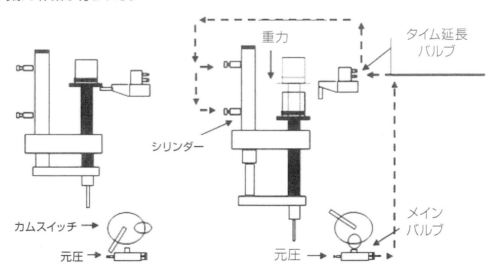

重力

タイム延長
バルブ

シリンダー

カムスイッチ →

元圧 →

元圧 →

メイン
バルブ

## 苦労したこと

ボディ移動とシートポンチ落下のタイミング
合わせに苦労した。

## 改善の効果

減工数と廃却費の合計で、82万4670円／年
の費用効果を生んだ。

# 69 振動工具を使わない 手動かしめ機の考案

作品名：かしめ増し娘。

## からくり

トグルリンク機構を利用した結合（かしめ）方法を専用機化した。

## 使った材料

グリーンフレーム、ジョイント、樹脂キャップ・丸棒

## 制作者

トヨタ自動車㈱　元町工場
車体部成形課　八木橋築

## 制作費用

4万円

## 改善の概要&問題点

　自動車のフロントグリルとエンブレムを、ナットスプリングで結合する作業を行っており、作業にはエアーハンマーを使用する。エアーハンマーは振動工具のため、騒音が大きく、疾病の恐れなどの問題がある。また、工具の重量が1.7kgと重いため、女性や高齢者にはつらい作業となっている。

## 改善前

　フロントグリルをナットスプリングとエンブレムではさみ込み、エアーハンマーで叩き込んで結合（かしめ）している。

【使用部品と工具】

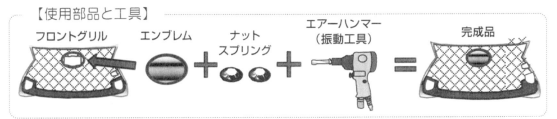

フロントグリル　エンブレム　ナットスプリング　エアーハンマー（振動工具）　完成品

〈エアーハンマーのかしめ作業〉

ダダダッ!!

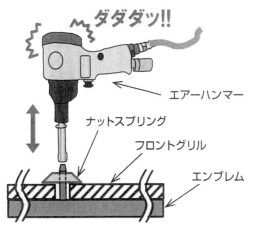

エアーハンマー
ナットスプリング
フロントグリル
エンブレム

問題点
①エアーハンマーの騒音が 86dB あるため、耳栓が必要
②振動が多く発生する工具のため、振動病・白蝋病の恐れがある
③工具重量が 1.7Kg と重たい

## 改善後

エアーハンマーを使わないトルク式手動かしめ機を製作した。

操作手順

①かしめ機の台座にエンブレムとグリルをセットする
②ナットスプリングを乗せて、かしめ機のレバーを下げる
③かしめ機のレバーを戻してワークを取り出す

## 改善のメカニズム

かしめ前

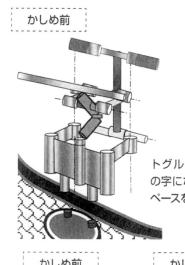

トグルリンクは「く」
の字になり、ワークス
ペースを確保

かしめ中

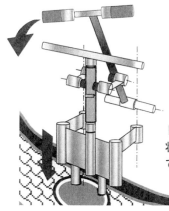

トグルリンクは直線
状となり、大きな力
でかしめを実施

かしめ前　　かしめ中

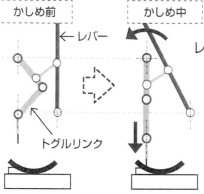

← レバー

トグルリンク

レバーとトグルリンクは連結している

○レバーを倒すとトグルが押し出されて
　直線状となり、かしめることができる

○レバーを戻すとトグルが引き込まれて、
　トグルは解除され、「く」の字状態になる

## 苦労したこと

作用点の位置とトグルの位置合わせが難しく、
調整に時間がかかった。

## 改善の効果

・騒音の発生なし → 耳栓不要
・振動工具の不使用 → 疾病リスクの低減
・工具を持った作業の廃止 → 作業負荷低減

# 70 マシニングセンタークーラントタンクの更油周期を延長

## からくり

チップコンベア回転軸（既存の動力）で歯車、チェーン.カム、クランクを利用してスラッジを除去。

## 使った材料

アングル、シャフト、ピロブロック、歯車、マグネット、シリンダー

## 制作者

マツダ㈱　第2パワートレイン製造部
第3エンジン課　ホルモンサークル

## 制作費用

9万円（材料費）

## 改善の概要&問題点

マシニングセンターの更油周期を延長し、補助材料費を低減したいが、以下の問題があった。
○設備の稼働時間が長く、既設の浮上油回収装置では能力が不足している。装置から離れている油が回収されない→クーラントタンク表面に浮遊する油の効率的な回収
○クーラントにスラッジ（鉄粉）が混入するが、除去する機能がない→スラッジ回収機能の追加
○上記2つの問題を既製品の購入によって改善することもできるが、価格が高価→からくりの発想を駆使した装置を内製化し、ローコストな改善を実現

## 改善前

マシニングセンターのクーラントタンクの改良をローコストで実現したかった。

クーラントタンク中の状態

クーラントタンク

クーラントタンク内にスラッジと油が浮遊
既設の浮上油回収装置では回収できない

既設の浮上油回収装置
モーターによりスクリューを
回転させ、表面に付着した
油を回収する仕組み

○能力不足で周辺の浮上油しか回収できない！
○スラッジが回収できない！

## 改善後

動力源は、すべて既設のチップコンベア※の駆動力を利用し、下記に示す①・②の仕事をさせている。

動力源

> ※チップコンベア
> 金属を切削した際に出る切りくずを排出する付帯設備

## 改善のメカニズム

### ①タンク内の浮上油のかき寄せ・吸い込み

・リンク機構による浮上油凝縮

流力による凝縮

凝縮回転用プロペラ

Ⓐ

直線運動→回転運動に変換し回転

ばねによる引張力

回転

浮遊した油を集める

**Ⓐチップコンベア動力で圧縮空気をつくる**

カム機構を利用してエネルギー供給（空圧）

**チップコンベア動力で作動するポンプで浮上油を鉄粉回収装置に送る**

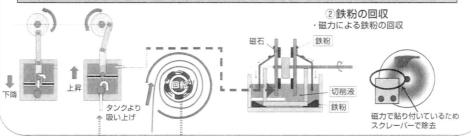

②鉄粉の回収
・磁力による鉄粉の回収

下降　上昇

タンクより吸い上げ

回転

磁石　鉄粉

切削液

鉄粉

磁力で貼り付いているためスクレーパーで除去

**鉄粉回収装置を通過したクーラントは分離槽で油と分離される**

浮上油回収缶に油が満杯になると、浮上油の回収を自動で停止！

・比重差による油の回収

水：1　油：0.9

油は浮いて回収層へ

投入層　分離層　油回収層　水分回収層

タンクへ返す

・可変運転切替システム

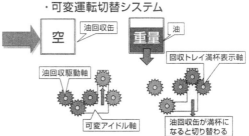

空　油回収缶

重量　油

回収トレイ満杯表示軸

油回収駆動軸

可変アイドル軸

油回収缶が満杯になると切り替わる

## 苦労したこと

動力を使わずに要求される機能を満たすことと、浮上油を吸い込み口へかき寄せる点が難しかった。

## 改善の効果

・更油周期の延長

自社開発機器

# 71 トラックのタイヤ運搬を容易化

作品名：テコ・タイヤ

## からくり

てことガイドを利用し、2カ所で屈折により両方向から載せ降ろしを可能にする。

## 使った材料

パイプなど鋼材、蝶番、キャスター

## 制作者

㈱アイチコーポレーション
生産技術部生産調査課

## 制作費用

2万円

## 改善の概要&問題点

　トラックのスペアタイヤは、組立ラインの仕掛り前に外し、ライン組立完成後に取り付けている。タイヤは載せ降ろしの際に大変重い（50kgを超える）。また、降ろす際はゆっくり作業をしないとタイヤが弾み、危険である。

## 改善前

タイヤの載せ降ろしにはきつい作業が伴う。

## 改善後

載せ降ろしが楽になる台車を製作した。

〈タイヤ載せ作業の容易化〉
①タイヤを転がして運ぶ
②タイヤをガイドに載せる
③取っ手を持ち上げる

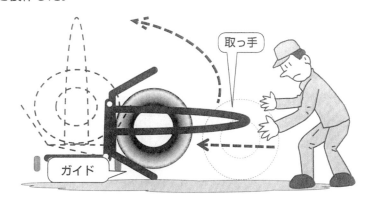

## 改善のメカニズム

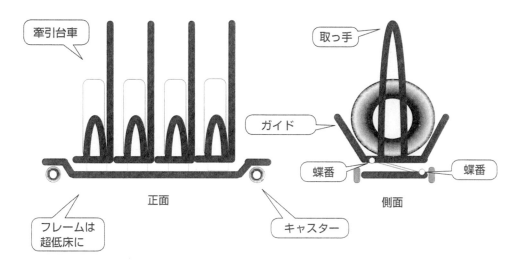

フレームは
超低床に

キャスター

正面

側面

取っ手

ガイド

蝶番

蝶番

牽引台車

蝶番を2カ所に取り付けて
両方向左右から軽く載せ降ろし
作業ができる
ようにした

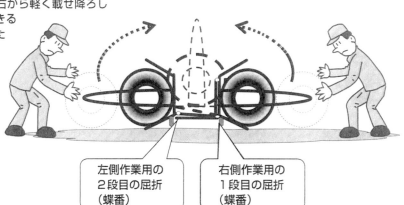

左側作業用の
2段目の屈折
（蝶番）

右側作業用の
1段目の屈折
（蝶番）

| 苦労したこと | 改善の効果 |
|---|---|
| 蝶番と蝶番の間隔、ガイドと取っ手の長さの調整が難しかった。 | ・不安全作業の廃止 |

安全改善

# 72 90°横移動＋取っ手も左右移動する手押し台車

作品名：たまにクラブ

## からくり

台車の前輪の固定車輪を回転車輪にし、横移動を可能にした。

## 使った材料

ワイヤー、スプリング、軸受、鉄材

## 制作者

トヨタ自動車㈱
プラント・環境生技部原動力整備課　坂野昇一

## 制作費用

1万5000円

## 改善の概要&問題点

　ライン側まで組立部品を台車に乗せ牽引車で搬送し、ラインに送入する作業がある。ゆとりのない場所では何度も切り返していたが、「面倒」「体をぶつける」「手をはさむ」などの問題があった。

---

### 改善前

ライン側や狭い事務所内での台車作業には「面倒」や「危険」が潜んでいる。

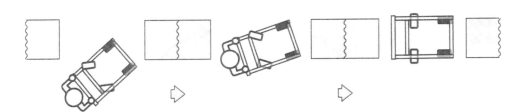

○ライン側に収納
○作業台に寄せる

○切り返し

■ 固定車輪
□ 回転車輪

台車をライン側や作業台に寄せるときに切り返しが発生し、
作業者が狭い設備間に入り、災害発生の恐れがある。

### 着眼点

狭い設備間に作業者が入らずに台車を収められないか？

## 改善後

　レバー操作で取っ手が左右90°移動する車を製作した。固定車輪を自在車輪にし、1輪のみロックさせる。そうすることで横移動がスムーズにできる。

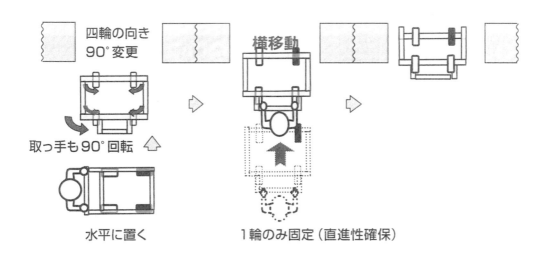

四輪の向き
90°変更

取っ手も90°回転

水平に置く

横移動

1輪のみ固定（直進性確保）

## 改善のメカニズム

〈各要素部の構造〉

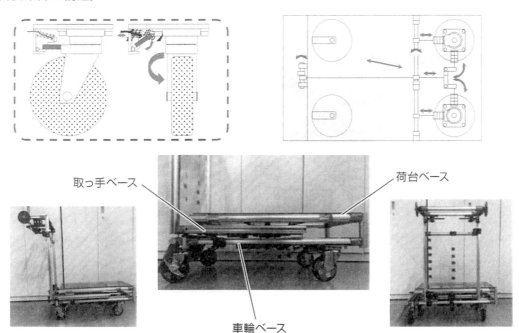

取っ手ベース

荷台ベース

車輪ベース

## 苦労したこと

社内で調達できる材料でつくる。また、必ず台車を押す方向で移動できるようにする。

## 改善の効果

・狭い設備間に入らなくてもよくなり安全性向上
・操作が簡単かつ取り回しスペースの削減

# 73 荷の重量を利用して 運搬台車の発進力を軽減

作品名：快足台車

## からくり

自在式車輪取り付け台座を設け、傾斜と荷の重みで自在式車輪が元に戻る。

## 使った材料

自在式車輪、蝶番

## 制作者

トヨタ紡織㈱
猿投第1製造部猿投フレーム製造室

## 制作費用

3万円（一部廃材利用）

## 改善の概要＆問題点

工場内の荷物運搬作業で台車に450kgの荷を載せ、1日何十回も運搬することで、身体への負担が大きい。これが、作業者の関節痛などを引き起こす要因となっている。

## 改善前

力のいる台車作業となっていた。

運搬台車の発進時（押し力）に非常に強い力が必要

## 改善後

　キャスターの取り付け台座部に角度をつけたことで、荷の重さにより自然に前進する。そのため初動（押し力）が軽くなり、身体への負担が軽減した。自走距離は30cm（惰性走行含む）となる。

## 改善のメカニズム

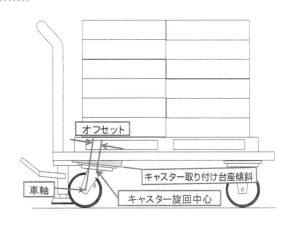

オフセット
キャスター取り付け台座傾斜
車軸
キャスター旋回中心

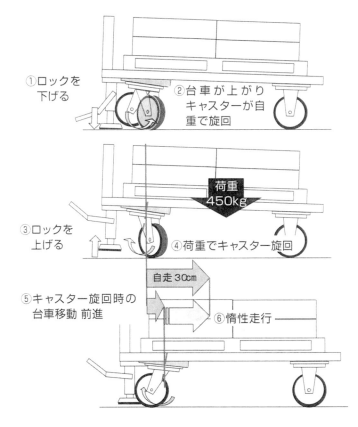

①ロックを下げる
②台車が上がりキャスターが自重で旋回

荷重
450kg

③ロックを上げる
④荷重でキャスター旋回

自走30cm

⑤キャスター旋回時の台車移動 前進
⑥惰性走行

安全改善

## 苦労したこと

キャスター取り付け角度と自走距離の選定で、安全を確保するための角度設定に苦労した。

## 改善の効果

初動（押し力）45kg → 18kg（−27kg）になり、60%低減した。

# 74 重量パレットの運搬補助

## からくり
レバーによるてこの原理、ワンウェイクラッチ採用、ギヤシフトで前進後退の切替可。

## 使った材料
歯車、ワンウェイクラッチ、鋼材、板金

## 制作者
㈱SUBARU　産業機器本部
製造部改善G「加工技術G」

## 制作費用
5万円

## 改善の概要&問題点
　重量ワークを積載したパレットにアシスト装置を取り付け、運搬補助を行う。アシスト装置はてこの原理を利用し、手動による押す力を増大させ車輪を回転させることにより、小さな力で前進させることが可能。さらに中心のギヤをシフトさせることにより、ギヤチェンジを可能とし、前進・後退を自由に切り替えることができる。

## 改善前
　エンジン部品であるクランクシャフトを積載したパレットは、約800kgにもなる。そのため、パレットを運搬することはとても労力のいる仕事となっている。特に動き出しは後輪が逆向きに曲がっていることが多く、非常に大きな力が必要であり、作業者泣かせの作業となっていた。

800kgの
クランクシャフト

お、重くて
動かない〜

## 改善後

　レバーを押すことで、ワンウェイクラッチを装着した車輪が回転。てこの原理により、小さな力で重量パレットを前進させることを可能にした。ワンウェイクラッチにより回転方向を制御し、レバーを前後に動かすことでパレットの移動を実現した。

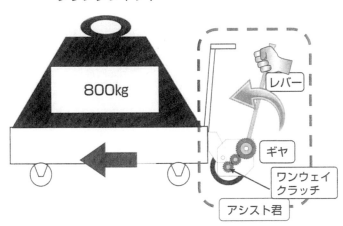

クランクシャフト

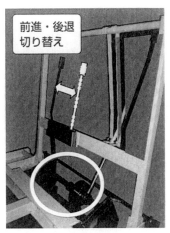

前進・後退切り替えも可能

## 改善のメカニズム

　前進・後退切替レバーを動かすと中心ギヤがシフトし、ギヤチェンジができる。

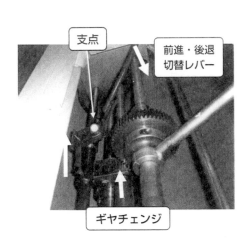

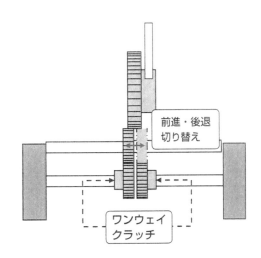

## 苦労したこと

ギヤシフトの構造と、レイアウトの縮小について検討したこと。

## 改善の効果

・重筋作業の軽減と作業性向上

# 75 目的地で天板を自在に昇降し、楽に廃却作業ができる台車

作品名：からくり台車

## からくり
カム機構とてこの原理で油圧ポンプを作動させ、蓄圧して天板を任意の位置に上昇させる。

## 使った材料
シャフト、スプロケット、チェーン、台車（中古品）、アキュムレーター

## 制作者
日産自動車㈱　横浜工場
第2製造部鍛熱課

## 制作費用
7万円（アキュムレーター）

## 改善の概要&問題点
女性従業員の活用や男性従業員の高齢化に伴い、重量物（約20kg x 5個）を運搬した後の天板の上昇が重く負担になっていた。

## 改善前
重量物を運搬する作業があった。

廃却物を運ぶ作業が重労働でつらい

## 改善後

天板が蓄圧で上昇する台車を製作した。

目的地までの台車走行で油圧が蓄圧される。
油圧開放することで台車天板を任意の高さまで
上昇させることが可能（バルブワンタッチ操作）

## 改善のメカニズム

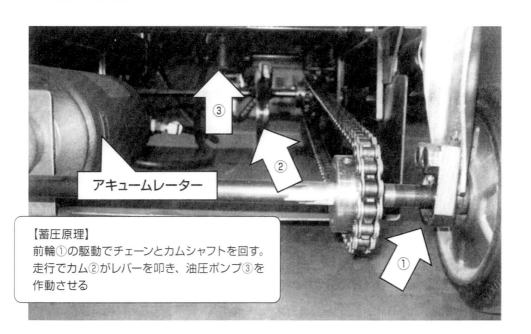

③

②

アキュームレーター

【蓄圧原理】
前輪①の駆動でチェーンとカムシャフトを回す。
走行でカム②がレバーを叩き、油圧ポンプ③を
作動させる

①

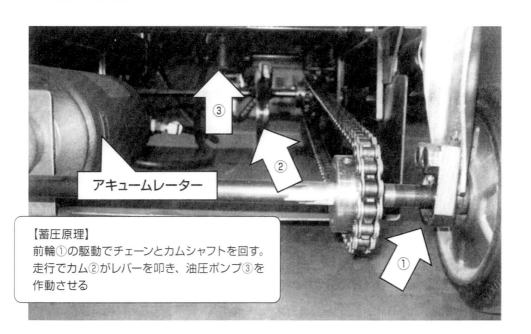安全改善

## 苦労したこと

トライ＆エラーが多過ぎて、時間がかかった。

## 改善の効果

女性や高齢者でも、軽い負担で作業ができる
ようになった。

# 76 製品運搬台車の落下防止対策

作品名：がっちりマモンデー

### からくり
リンク機構とばねの組合せを利用。

### 使った材料
アルミフレーム、ストッパー、フラットバー、ワイヤー、滑車、マグネット

### 制作者
古河電気工業㈱　三重事業所
AT製造部設備技術課　坂 信也

### 制作費用
2万円

### 改善の概要&問題点
　製品運搬用台車は側面に落下防止対策がないため、運搬中に製品を落下させてしまう危険性がある。製品は重量物であり、ガードをつけるとガードをより高く持ち上げる必要があり、作業時に腰痛の危険性がある。

### 改善前
　製品の運搬時に製品が落下してしまうことがあった。

ベルトを張って落下防止策を試みたが、つけたり外したりすることが面倒！

## 改善後

台車の側面にガードを取り付けた。ストッパーの操作でガードが上下する。

運搬中は
ガードが閉じる

ストッパーを
かけると……
ガードが下がる

製品運搬時

製品荷卸し時

## 改善のメカニズム

　足元のストッパーにリンクを接続し、ガードを上下させる。さらに、前後のストッパーをつなげ、方向が変わっても同じ動きができるようにした。

〈ガードの上げ・下げ機構〉

◆ペダルを上げる
ペダルを上げると
ガードが上がる

◆ペダルを踏む
足元のペダルを下げると
ばねとワイヤーが引っ張
られガードが下がる

## 苦労したこと

リンクの動きを理解することと、ガードの持ち上げに苦労した。

## 改善の効果

腰痛の心配もなく、製品の落下防止ができた。また、このからくりを製作したことで現場の力量が上がった。

# 77 荷台ストッパーをかけないと動かせない台車

作品名：体で感じる『忘れられない』ストッパー

## からくり

荷台ストッパーと台車ブレーキのリンク機構による連動化。

## 使った材料

ハンマーロックなど

## 制作者

アイシン精機㈱　小川工場
工場管理G技術員室

## 制作費用

5万円

## 改善の概要&問題点

　台車の荷台に設けられた落下防止ストッパーをかけ忘れて走行すると、積載物が台車から落下する恐れがあり、危険であった。

---

### 改善前

台車による運搬作業で、積載物の落下防止ストッパーをかけ忘れて運ぶ心配があった。

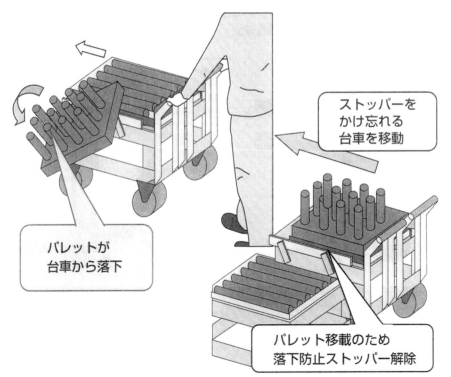

ストッパーを
かけ忘れる
台車を移動

パレットが
台車から落下

パレット移載のため
落下防止ストッパー解除

## 改善後

落下防止ストッパーと台車のロック機構を連動させた。

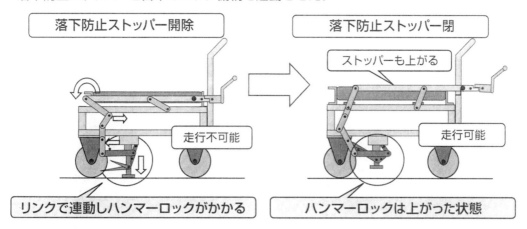

| 落下防止ストッパー開除 | 落下防止ストッパー閉 |

ストッパーも上がる

走行不可能

走行可能

リンクで連動しハンマーロックがかかる

ハンマーロックは上がった状態

## 改善のメカニズム

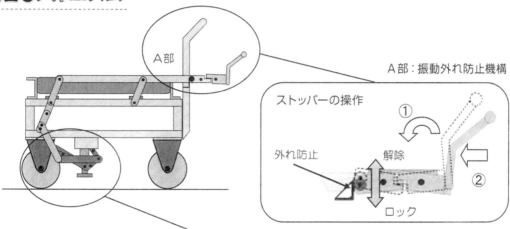

A部

A部：振動外れ防止機構

ストッパーの操作 ①

外れ防止　解除

ロック ②

〈設計のポイント〉

ハンマーロックへの伝達部分の
リンクは、水平にすることで、
力の伝達効率が良い

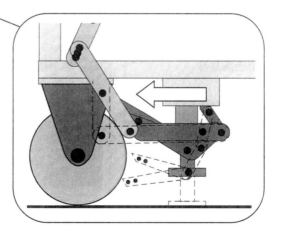

## 苦労したこと

伝達効率の良いハンマーロック伝達部分のリ
ンク位置を探求した。

## 改善の効果

荷台ストッパーをかけ忘れると台車走行がで
きなくなり、かけ忘れによるパレット落下のリ
スクがなくなった。

# 78 パワーリフターの安全向上改善

作品名：雷おやじリフター

## からくり

作動部へのセンサーの取り付け方（ケーブルの断線対策）を工夫した。

## 使った材料

センサー、滑車、ライト

## 制作者

デンソートリム㈱
製造部生産1課

## 制作費用

1万5000円

## 改善の概要&問題点

金型をパワーリフターで運搬する際、「落下防止ストッパーのかけ忘れ」「車輪ブレーキのかけ忘れ」によって重さ約400kgの金型が落下する危険性があり、重大災害につながる恐れがあった。また、物的対策が乏しく安全面は人頼りの作業となっている。

## 改善前

「落下防止ストッパーのかけ忘れ」「車輪ブレーキのかけ忘れ」に伴う金型落下による重大災害の危険性があったにもかかわらず、安全面は人頼りの作業となっている。

1. 型を乗せる

最大400kg

2. 落下防止ストッパーをかける

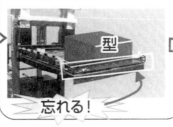

忘れる！

3. 車輪ブレーキを解除し移動

荷台がローラーのため滑る

移動→落下!!

他社で同様の災害が発生

## 改善後

架台部とブレーキ部の２カ所にセンサーを取り付けた。

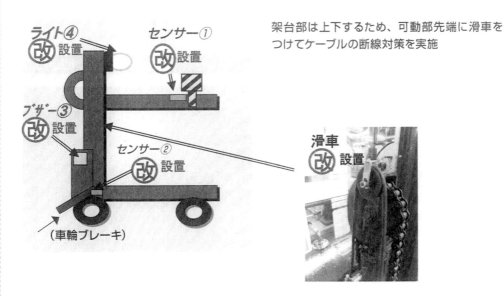

架台部は上下するため、可動部先端に滑車を
つけてケーブルの断線対策を実施

ライト④改設置　センサー①改設置

ブザー③改設置　センサー②改設置

（車輪ブレーキ）

滑車改設置

## 改善のメカニズム

「落下防止ストッパーかけ忘れ」をセンサーが感知し、警告音とライトが点滅する。

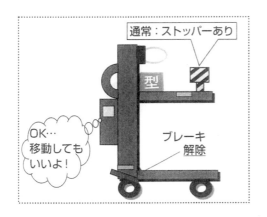

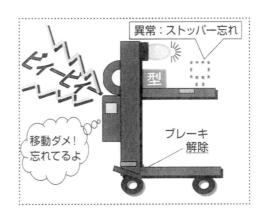

通常：ストッパーあり
型
OK…
移動しても
いいよ！
ブレーキ
解除

異常：ストッパー忘れ
型
ピィーピィー
ウィーウィー
移動ダメ！
忘れてるよ
ブレーキ
解除

| 「落下防止ストッパー」<br>（忘れ）センサー① OFF | ＋ | 「車輪ブレーキ」<br>（解除）センサー② OFF | ＝ | 大音量の③警告音<br>④ライトが点滅 |

機能確認は始業時点検表により確認

### 苦労したこと

架台部にセンサーを取り付ける際、ケーブル
を単純に取り付けただけでは断線してしまう
ため、取り付け方を工夫した。

### 改善の効果

災害リスク　許容できない「レベルⅢ」から、
許容できる「レベルⅠ」になった。
文部科学大臣表彰「創意工夫功労者賞」を受
賞し、社内の安全に対する意識が向上した。

# 79 常に製品を手前の位置に入れられる回転テーブル

作品名：90度 回るんです

## からくり

製品の重量でテーブルを回転させる。1個入れると90°回転する。

## 使った材料

カムフォロワー、スプロケット、チェーン、スプリング、アルミフレーム、釣り糸

## 制作者

㈱ジェイテクト　徳島工場
製造技術部　小鳥太平

## 制作費用

6万円

## 改善の概要&問題点

約3kgの製品を検査後に箱に入れている。具体的には、1箱に4個の製品を入れている。この作業で遠くの位置に入れる際に、腕に大きな負荷がかかる。

## 改善前

ベルトコンベアで搬送されてきた製品の外観を検査して、完成品用の箱に入れている。

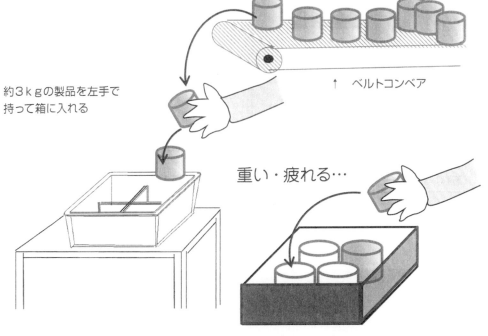

約3kgの製品を左手で持って箱に入れる

↑ ベルトコンベア

重い・疲れる…

遠くの位置に入れる際には腕に負荷がかかる。
手前の位置に入れるのが一番楽である

## 改善後

箱に製品を1個入れるたびに90°回転するテーブルを製作した。

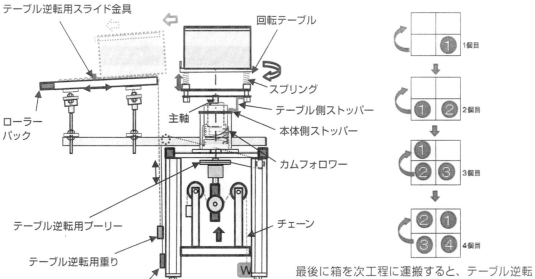

常に手前の位置に製品を
入れることができる

- テーブル逆転用スライド金具
- 回転テーブル
- ローラーパック
- スプリング
- テーブル側ストッパー
- 主軸
- 本体側ストッパー
- カムフォロワー
- テーブル逆転用プーリー
- チェーン
- テーブル逆転用重り
- テーブル逆転用治具
- テーブルバランス重り

1個目
2個目
3個目
4個目

最後に箱を次工程に運搬すると、テーブル逆転
用の重りが巻き上げられる。その重りの力でテー
ブルが逆転し、元に戻る

## 改善のメカニズム

### ■テーブルが回転するメカニズム

テーブル主軸に取り付けたカムフォロワーが
本体側に加工された螺旋状の溝に沿って動き、
上下の動きを左右の回転に変える
テーブルが下がると右へ回転する
テーブルが上がると左へ回転する

テーブル主軸部

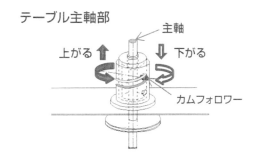

主軸
上がる
下がる
カムフォロワー

### ■90°ずつ回転するメカニズム

回転テーブルはスプリングで保持されている。
箱にワークを入れるとその重さでテーブルが沈
み、ストッパーが外れ回転する。90°回転すると
テーブル側ストッパーが次の本体側ストッパーに
当たり停止する

ストッパー
ストッパー

## 苦労したこと

テーブルがうまく回転するように、重りの
バランスを何度も調整した。

## 改善の効果

常に一番近い位置に製品を置けるようになり、
重筋作業を軽減したほか、箱詰め作業の時間
を短縮した。

# 80 マグネットを利用して 点検扉をワンタッチロック

**作品名：コロバヌ先のつめ**

## からくり
磁力によるフック保持と傾斜面を使用した起動タイミングの調整。

## 使った材料
マグネット、端材

## 制作者
アイシン高丘㈱
総務部教育センター

## 制作費用
5000 円

## 改善の概要&問題点
　加工機などの日常点検を行う際、作業扉を開ける行為が発生するが、右手で点検扉を持ち上げて、その状態をキープしたまま左手で落下防止ピンを操作する必要がある。また、扉を閉める際も、右手で扉を持ち上げて左手で落下防止ピンを解除する必要がある。

## 改善前

加工機の点検時の扉開閉作業に課題を見つけた。

【通常閉め】

【点検時】
右手で扉を開ける

左手で落下防止する

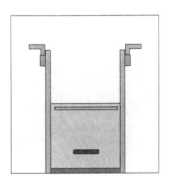  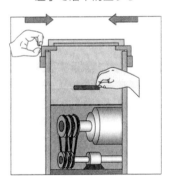

〈困り事〉
　　○毎回の点検時に、扉の開閉と固定・解除の動作がある
　　○扉の自重にて落下の危険もある
　　○毎回、両手での作業となる

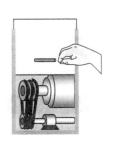

　マグネットの磁力と傾斜面（角度）を利用することで、片手のみで扉の開閉と固定・固定解除を簡単にできる。

## 改善のメカニズム

### 【扉開き動作保持】

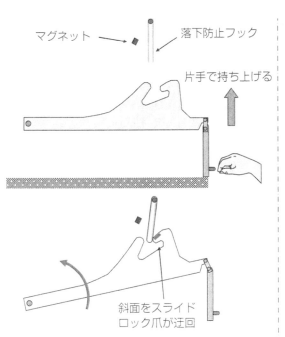

マグネット → ■　　　落下防止フック

片手で持ち上げる

斜面をスライド
ロック爪が迂回

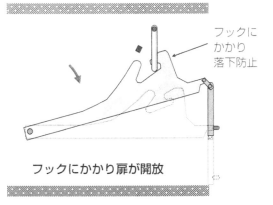

フックに
かかり
落下防止

**フックにかかり扉が開放**

### 【扉閉め動作解除】

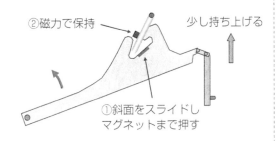

②磁力で保持　　　少し持ち上げる

①斜面をスライドし
マグネットまで押す

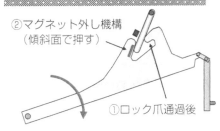

②マグネット外し機構
　（傾斜面で押す）

①ロック爪通過後

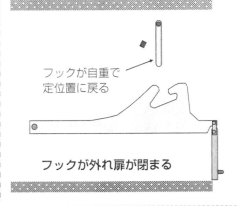

フックが自重で
定位置に戻る

**フックが外れ扉が閉まる**

## 苦労したこと

機能を持たせるための傾斜角度と長さ調整が難しかった。ほかにも、磁力の強さとフック重量のバランス調整に苦労した。

## 改善の効果

・作業者の負担削減
・固定忘れのポカヨケ

安全改善

# 81 狭いスペースでの安全扉の開閉

作品名：スルスル戸ッ戸チャン

| **からくり** | **使った材料** |
|---|---|
| 滑車とスライドレールの組合せを利用。 | PET ボード、スライドレール、ワイヤー、滑車 |
| **制作者** | **制作費用** |
| 古河電気工業㈱　三重事業所<br>AT 製造部設備技術課保全班　坂 洋輔 | 1万円 |

**改善の概要＆問題点**

安全カバーがないと、設備の回転部に手が入ってしまう可能性があり、大変危険である。安全カバーを製作するに当たって、設備や周辺にスペースがない。

**改善前**

設備の回転部に安全カバーがついていなかった。

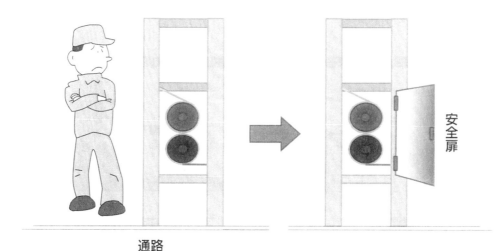

通路

安全扉

設備に安全扉を取り付けることになったのだが、設備側面に通路がある。上図のような安全扉の開閉を行うと、通行を妨げてしまう。引き戸ではなく他の方法で安全カバーを設置したい

## 改善後

上下に開閉する安全カバーを製作した。

スライドレールを用いて、PET ボードを上下に開閉させることでアクセス可能となった。
上下の PET ボードの重さが同じであるため、重さが釣り合ってどの位置でも停まる。
さらに、リミットスイッチを取り付け、工学的対策を行った

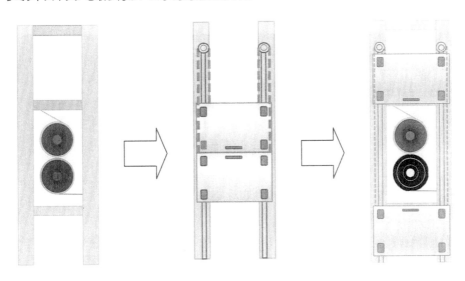

## 改善のメカニズム

■安全カバーの
　開閉機構

| スライドレール | 滑車 |

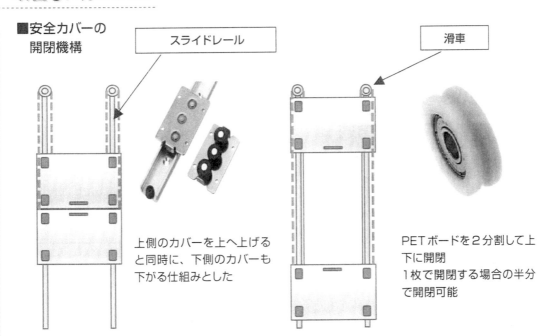

上側のカバーを上へ上げる
と同時に、下側のカバーも
下がる仕組みとした

PETボードを2分割して上
下に開閉
1枚で開閉する場合の半分
で開閉可能

## 苦労したこと

限られたスペースで、カバーの設置が必要で
あった。ボードを2分割にしたことで、ストロー
クが半分になった。

## 改善の効果

限られたスペースを有効活用した結果、安全
が確保でき、アクセスが可能となった。

安全改善

# 82 固定しなくても 地震で倒れない格納棚

**作品名：耐震棚！アームでロック**

## からくり

地震発生時、揺れに反応して転倒防止アームが開き、棚が倒れない仕掛け。

## 使った材料

アルミパイプ構造材（グリーンフレーム）

## 制作者

トヨタ自動車㈱　田原工場
資材物流課　菊池博史

## 制作費用

・部品棚：2万円／台
・自動転倒防止装置：1万円／台

## 改善の概要&問題点

　部品棚が地震発生時に倒れないように、連結棒で固定していたため、部品棚のレイアウト変更時、連結棒の取り付けや取り外しなどの危険な作業が発生していた。そこで、自動転倒防止装置により連結棒を不要にし、レイアウト変更をしやすくした。

## 改善前

レイアウト変更がやりにくく、ニーズに合った部品棚の配列が難しい。

連結棒（50㎜角パイプ）……地震対策

《取り付け・取り外し作業》
①取付ボルト緩め7カ所
②バー抜き取り
　作業工数：40分／台当たり

問題点① 脚立から落下の危険性あり

問題点② 転倒防止バーの脱着作業に時間がかかる

問題点③ 重量約250kgの棚をハンドリフターで移動時危険である

## 改善後

　棚の連結棒が不要にできる自動転倒防止装置を製作した。棚をアルミ製にして軽量化を図り、棚に車輪をつけて簡単に移動できるようにした。

震度5弱の地震発生時、揺れに反応して転倒防止アームが開く装置を製作・装着した。
連結棒が不要になり、棚移動が簡単になった。

地震発生時

転倒防止アーム
（支え棒）

## 改善のメカニズム

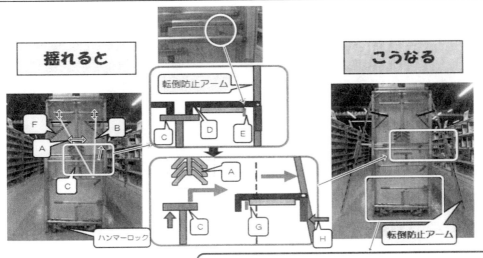

揺れると

こうなる

転倒防止アーム

F　B
A
C

ハンマーロック

C　D　E

A

C　G

H

転倒防止アーム

〈自動転倒防止装置のメカニズム〉

① 地震で揺れると振り子（A）が左右に揺れる

② ワイヤー（B）が上下に引っ張られる

③ C部が上下に動き、D部が上に上がる

④ E部の引っ掛かりが外れる

⑤ 転倒防止アームがスプリング（F）により
　外側に開く

⑥ E部がGの戻り防止に引っ掛かる

〈リセット方法〉

　解除レバー（H）を押しながら、転倒防止アームを閉じる

〈レバー式ハンマーロックを発案〉

レバー
↓

　レバー（A）を押し下げると、2個のハンマーロックのペダルが同時に押されてロックされる

［レバー式ハンマーロックの効果］

● ペダルが外側にはみ出してないため、人がつまずいて転倒する
　危険を防止できる

● 2個のハンマーロックで支えるため、棚のグラツキを防止できる

## 苦労したこと

できるだけ簡単な仕掛けにすること。さらには製作しやすくするため、既成の材料をなるべく探した。

## 改善の効果

安全かつスピーディーな部品棚のレイアウト変更が可能になった。

安全改善

# 83 複雑なからくり機構→ 電動シンプル化→さらに無動力へ

**作品名：三代目ラックシュートブラザーズ**

## からくり
自重落下、リンク、てこ、ラック＆ピニオンによる制動。

## 使った材料
アルミパイプ、各種ジョイント、樹脂、ローラーコンベア

## 制作者
㈱デンソー
電子製造部TIE課　小山政浩

## 制作費用
17万円

## 改善の概要＆問題点
　からくりシュートを開発、展開を進めていたが、シュートそのものが複雑なからくりを採用しているため、製作日数とコストがかかっていた。そこで電動シリンダーを使い構造をシンプルにして、製作日数は短縮した。しかし、電力を消費することもあって、コストはあまり下がらず、ランニングコストの低減にはつながらなかった。

## 改善前
　からくりシュート開発は以下に示す経緯をたどってきた。二代目で電動シリンダーを採用したことで、調整時間が格段に少なくて済む一方、シリンダーそのものが高額のため、製作コストに大きな改善はなかった。しかし、展開が容易であるため、現在は主流として生産ラインで採用が増え、初代に置き換わってきている。

〈からくりシュートの開発〉

初代 ……………………………………… 二代目 ……………………………………… 三代目

安価でシンプルな機構

基盤ラック

電動シリンダー

複雑な機構＝調整時間大
製作日数＝20日
製作コスト＝19.5万円

機構シンプル＝調整時間小
製作日数＝3日
製作コスト＝19万円

## 改善後

　三代目からくりシュートを考案した。二代目のシンプル機構はそのままに、電動シリンダーを制動装置に置き換えてテーブルの上下スピードを制御し、スムーズな基板ラックの入れ替え作業を実現した。

テーブル部

ラック＆ピニオンを使った
制動装置

## 改善のメカニズム

　テーブル部が下降するときは、右側の制動装置で下降スピードを抑え、上昇するときは、左側の制動装置でスピードを抑える。この制動装置の歯車は、1方向のみ制動がかかる構造となっているため、テーブル部の動き出しには影響を与えない。

制動がかかる方向
（ラック＆ピニオン）

上昇端

下降端

上昇端と下降端では片側のラック＆ピニオンが外れているので、動きの途中から制動をかける仕組みとなっており、よりスムーズな上下動作を実現している

省エネ・環境改善

---

### 苦労したこと

電動シリンダーと同様の上下動作を実現する機構の構想および開発が難しかった。

### 改善の効果

・材料費の低減による製作コスト10%低減
・ランニングコスト3000円/年→0（無動力化）

# 84 | 電気を使用せず、ウエイトを 動力として回転させる

作品名：まわ〜る君

### からくり

パレットを動かす力でエネルギーを貯めて、観覧車を回転させることができる。

### 使った材料

歯車、ワンウェイクラッチ、直動案内、ローラー、プーリー、紐

### 制作者

トヨタ自動車北海道㈱
造機・改善G

### 制作費用

15万円

### 改善の概要 & 問題点

200個入りの専用箱からボルトを3本取り、向きを合わせて製品に締め付けを行う。その際、軍手を着用して作業するため、ボルトが非常に取りづらい。その都度、取れる数も違うことで取り直しや戻し作業が発生し、組付時間が安定しない。

---

### 改善前

モーターを使用して、観覧車を回転させている。

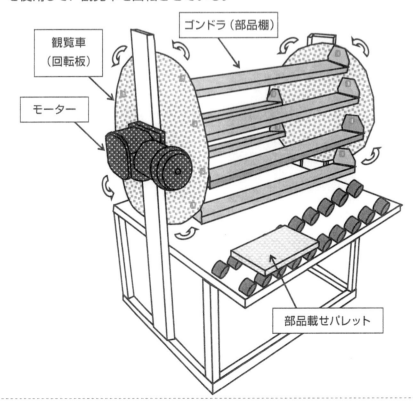

観覧車（回転板）

ゴンドラ（部品棚）

モーター

部品載せパレット

## 改善後

ウエイトの力でゴンドラを回し、部品を取り出す装置を考案した。部品載せパレットとゴンドラは連動する。パレットを動かす力でエネルギーを貯める。

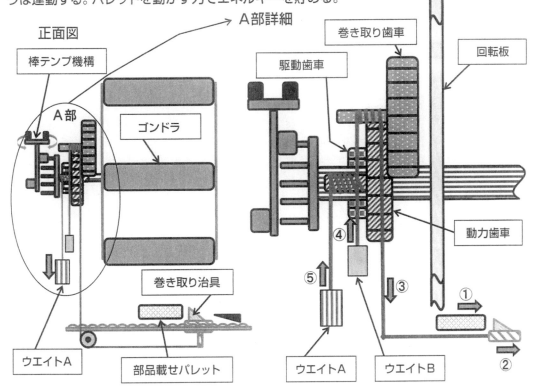

①ウエイトAの紐を動力歯車のシャフトに
　巻き取らせる

②ウエイトAの重さにより動力歯車を引き、
　駆動歯車をゆっくり回りし、回転板が回転する
　（回転板の速度調整は、棒テンプ機構で行う）

③巻き取り治具を引くと、巻き取り歯車が動力歯車に
　噛み合い、動力歯車を回してウエイトAの紐を巻き
　取り、エネルギーを貯める

④巻き取り治具が解除されると、引張スプリングにより動力歯車から巻き取り歯車が離れ、ウエイトBにより巻き取り治具が定位置に戻る

## 改善のメカニズム

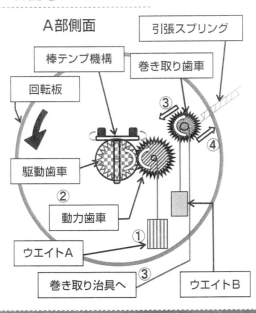

## 苦労したこと

歯車と棒テンプ機構の径を選定することにより、基本回転数を決めるのに苦労した。

## 改善の効果

・ピッキング作業時の安全性が向上
・電気を使用していないため省エネ効果

# 85 | 1斗缶から1斗缶への塗料 移し替え作業の改善

## からくり

てこを利用し、缶と缶の位置と向きを変更する。

## 使った材料

パイプ、ジョイント

## 制作者

㈱アイチコーポレーション
生産技術部生産調査課

## 制作費用

3000 円

## 改善の概要&問題点

　塗料の調合を行うため、1斗缶から1斗缶へ塗料やシンナーの移し替え作業を行っていた。その際に塗料缶の取っ手が缶の上面中央にあり、手を汚さないように塗料の出口を下側にして取っ手を持ち、塗料などを移し替えしていたが、缶や床・量りなど塗料で汚していた。塗料やシンナーのムダ、清掃作業時間のムダ、しゃがみ姿勢での移し替え作業などの問題が発生していた。

## 改善前

塗料の移し替えというムダな作業を行っていた。

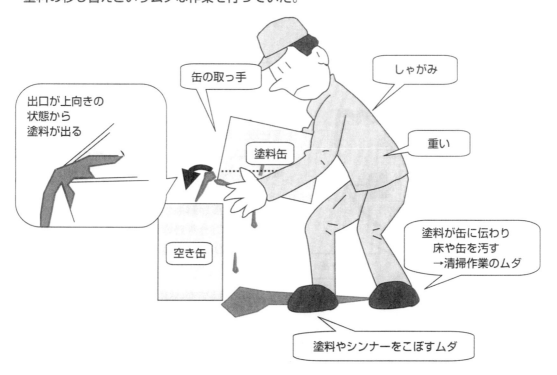

出口が上向きの状態から塗料が出る

缶の取っ手

しゃがみ

塗料缶

重い

空き缶

塗料が缶に伝わり床や缶を汚す →清掃作業のムダ

塗料やシンナーをこぼすムダ

## 改善後

塗料の移し替え治具を製作した。

床や缶などの汚れがなくなり
清掃作業時間のムダ
がなくなった

重い缶を
持たないため、
立ち作業になった

出口が下向きの
状態から
塗料が出る

## 改善のメカニズム

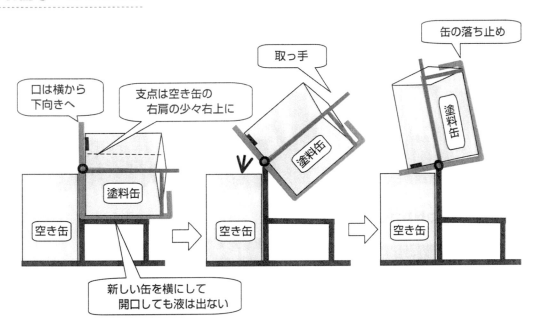

口は横から
下向きへ

支点は空き缶の
右肩の少々右上に

取っ手

缶の落ち止め

塗料缶

空き缶

塗料缶

空き缶

塗料缶

空き缶

新しい缶を横にして
開口しても液は出ない

省エネ・環境改善

## 苦労したこと

てこの支点の位置決めを何度も繰り返した。

## 改善の効果

・溶剤のムダ減
・清掃作業時間の短縮
・不安全作業の撤廃

# 86 フォークリフトのチルト角度調整を一発化

作品名：チルトゲージ

## からくり
動力はチルトの動きを用いて、ワイヤロープ、滑車、スプリングを組み合わせて基準化。

## 使った材料
シャフト、シャフトホルダー、潤滑ユニット、Φ60鉄製円筒、引張コイルばね、ガイドローラー、アルミワイヤー

## 制作者
日産自動車㈱　横浜工場
第2製造部サスペンション課

## 制作費用
1万円（材料費）

## 改善の概要&問題点
フォークリフトの爪の角度はなかなか目測では判断ができず、カンやコツに頼っている。そのため、運転席から見えにくい。特に新人は荷役時に時間を要し、危険な作業となっている。

---

## 改善前
フォークリフトのチルト角度操作はカン・コツに依存していた。

〈チルト角度 前傾〉　　〈チルト角度 水平〉　　〈チルト角度 後傾〉

＊実際の角度がわかりづらい！

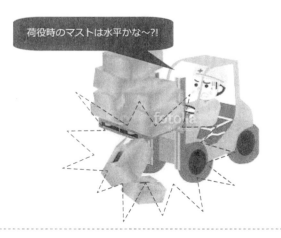

荷役時のマストは水平かな〜?!

レベルゲージを見て、チルトの角度調整が一発でできるようになった。

〈チルトゲージ取り付け位置〉

チルトの傾き（動き）を活用!!
ばねの伸び縮みでワイヤーを引っ張る

運転席からのアングル

## 改善のメカニズム

〈チルトゲージ詳細〉

\*レベルゲージ

走行

水平

駐停車

\*内部構造

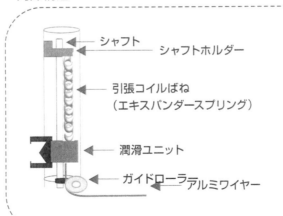

- シャフト
- シャフトホルダー
- 引張コイルばね
  （エキスパンダースプリング）
- 潤滑ユニット
- ガイドローラ
- アルミワイヤー

## 苦労したこと

取り付け位置・レベルゲージ形状の選定を工夫した。

## 改善の効果

レベルゲージで基準を設けることでカン・コツ操作をなくし、安全・安心を確保して操作できる。

金を掛けずに知恵を出す
## からくり改善事例集 Part3

2017年9月29日　初版第1刷発行
2022年5月31日　初版第4刷発行

Ⓒ編　者　公益社団法人 日本プラントメンテナンス協会
　発行者　井水　治博
　発行所　日刊工業新聞社
　　　　　〒103-8548 東京都中央区日本橋小網町14-1
　　　　　電　話　03-5644-7490（書籍編集部）
　　　　　　　　　03-5644-7410（販売・管理部）
　　　　　ＦＡＸ　03-5644-7400
　　　　　振替口座　00190-2-186076
　　　　　URL　https://pub.nikkan.co.jp/
　　　　　e-mail　info@media.nikkan.co.jp
　　　　印刷・新日本印刷（POD1）
　　　　製本・新日本印刷（POD1）
　　　　（定価はカバーに表示してあります）
万一乱丁・落丁などの不良品がございましたらお取り替えいたします。
ISBN978-4-526-07748-7
NDC509.6
カバーデザイン・志岐デザイン事務所
2017 Printed in Japan